SEI DU SELBST UND WERDE REICH

Was dir bis jetzt niemand über Geld gesagt hat

FBV

JEANINE HURTE

Bibliografische Information der Deutschen Nationalbibliothek
Die Deutsche Nationalbibliothek verzeichnet diese Publikation in der Deutschen Nationalbibliografie. Detaillierte bibliografische Daten sind im Internet über http://dnb.d-nb.de abrufbar.

Für Fragen und Anregungen
info@finanzbuchverlag.de

1. Auflage 2022

Türkenstraße 89
80799 München
Tel.: 089 651285-0
Fax: 089 652096

Korrektorat: Silvia Kinkel
Umschlagabbildungen: Stephanie Lippert
Satz: ZeroSoft, Timisoara
Druck: CPI
Printed in the EU

Print 978-3-95972-614-6
PDF 978-3-98609-157-6
EPUB 978-3-98609-158-3

INHALT

EINLEITUNG

Ich kann es nicht anders sagen, doch seitdem ich denken kann, liebe ich Geld. Meine ersten und besten Erinnerungen an meine Kindheit hängen mit »meiner« Post und »meinem« Einkaufsladen zusammen – damals konnte ich, natürlich gewinnbringend, die ersten Sachen verkaufen. Meine Post und mein Einkaufsladen waren zwei Papieraufsteller für den Tisch und hatten jeweils ein großes Zeichen, auf dem Post beziehungsweise Einkaufsladen stand. Ich bin gerade einmal in den Kindergarten gegangen, als ich angefangen habe zu verkaufen. Und schon damals habe ich es geliebt. ♡

Wie ging es mit meiner Faszination für das Geld weiter? Mit etwa fünf bis sechs Jahren durften alle Freunde meiner Eltern direkt an unserer Haustür ihr Portemonnaie abgeben. Ein kleines blondes Mädchen mit engelsgleichen Locken stand dort, und statt Hallo zu sagen, fragte es nach dem Geldbeutel. Die Reaktionen der Leute waren von »Was ist falsch mit dem Kind?«, über »Nein!« bis hin zu »Wir kennen uns doch gar nicht!?«. Meine Eltern mussten dann kurz erklären, dass ich Geld liebte und es einfach nur zählen wollte. Selbstverständlich habe ich nie etwas aus dem

Portemonnaie der fremden Leute genommen, sondern nur den Inhalt gezählt, fein säuberlich sortiert, den Gästen vorgerechnet, wie viel Geld sie im Portemonnaie hatten, und es dann wieder zurückgegeben.

Ein paar Jahre später haben wir einen Familienurlaub in einem Freizeitpark gemacht. So richtig mit Campingplatz, Pferden und riesigen Spielplätzen. Alles ideal bei schönem Wetter. Leider regnete es die ganze Zeit, und so wurde vom Park ein Alternativprogramm angeboten – Tombola und Zauberei. Im Laufe der Veranstaltung fragte der Zauberer, ob es im Publikum jemanden gebe, für den er etwas zaubern könnte. Es dauerte keine drei Sekunden und ich hob meine Hand. Und wie es das Glück (so nannte ich es damals) wollte, wählte der Zauberer mich aus, ich durfte auf die Bühne kommen. In meinem Kopf waren bereits die wildesten Gedanken, was ich mir denn wünschen könnte. Von Spielzeug über eine eigene Eistruhe (ich liebe Eiscreme) bis hin zu einer Katze war alles dabei. Ich stand auf der Bühne und wartete auf den magischen Moment, in dem der Zauberer mich fragte, was er denn für mich zaubern könnte. Stattdessen kam es anders. Der Zauberer gab mir NUR zwei Optionen vor, aus denen ich auswählen durfte. Er fragte mich, ob er mir einen Hasen oder Geld zaubern sollte. Natürlich in der Annahme, dass ein kleines, süßes Mädchen mit engelsgleichen Locken sich für den Hasen entscheiden würde. Doch hatte der Magier sich gewaltig geirrt. Er hatte das Wort Geld noch nicht vollständig ausgesprochen, da schrie ich schon: »Zaubere mir das

Geld!« Der ganze Saal lachte, meine Eltern versanken im Erdboden, und ich verstand die Welt nicht mehr, was mit den Erwachsenen nun schon wieder los war. Der Zauberer fragte noch einmal, ob ich nicht lieber einen Hasen wollte, denn ich sei ja zu klein für das Geld und wisse gar nicht, was das sei. Womit er mich absolut verkehrt einschätzte. Und so sagte ich ihm etwas deutlicher, dass er doch *jetzt* das Geld zaubern sollte! Er fragte nach, warum ich denn das Geld haben wollte und nicht den Hasen. Daraufhin schilderte ich ihm meine Sicht auf die Dinge: 1. Ich wollte keinen Hasen. 2. Wenn ich einen gewollt hätte, könnte ich mir den ja kaufen von dem Geld, das er für mich zaubern würde. Der ganze Saal lachte wieder laut.

Nicht nur in jungen Jahren war ich fasziniert von Geld und seinen Möglichkeiten. Ich dachte eigentlich in jedem Alter komplett anders über Geld als die meisten anderen Menschen. Für mich ist dieses Denken das Erfolgsgeheimnis zu meinem heutigen Wohlstand – und natürlich ab sofort auch für deinen Wohlstand. Lass uns anfangen, deine Gelderfolgsgeschichte zu kreieren. In diesem Buch erfährst du Dinge über Geld, die dir noch niemand verraten hat. Es geht um eine Kombination aus ungeschriebenen und spirituellen Geldgesetzen und meinem persönlichen Fachwissen aus der Finanzwelt als ehemalige Investmentbankerin. Genau diese Kombination hat dazu geführt, dass ich innerhalb von zwölf Monaten meine erste Million als Business Coach für Frauen verdient habe, ohne große Reichweite, ohne großes Team oder bezahlte Werbung. Bis heute denke ich, Multimillionen zu machen ist das Leichteste, was es gibt, wenn du weißt, wie es geht.

Dieses Buch ist vor allem eine Einladung an dich, alles in Frage zu stellen, was du bis jetzt über Geld gelernt hast. Warum? Wenn wir schwimmen lernen wollen, gehen wir zu einem Schwimmlehrer, der bereits schwimmen kann. Wenn wir lesen lernen wollen, dann lassen wir uns das von jemandem beibringen, der lesen kann. Wenn wir Englisch lernen wollen, würden wir nie auf die Idee kommen, zu jemanden zu gehen, der es selbst nicht kann. Bis hierher erscheint alles ganz logisch. Doch von wem wollen die meisten Leute etwas über Geld lernen? Das ist entweder der Staat, was angesichts der aktuellen Staatsverschuldung und den Finanzen des Landes eine seltsame Wahl ist. Oder wir lernen in der Schule von Lehrern, die selbst ein eher bescheidenes Gehalt erwirtschaften. Die meisten Menschen glauben dem Staat (Stichwort: Riesterrente), den Banken oder den Versicherungen. Und genau darum sind so viele Menschen auch pleite. Sie verlassen sich auf die verkehrten Informationen und lernen von Leuten, die selbst nur minimal wenig Geld haben. Aktuell gibt es keine Multimillionäre oder Milliardäre, die uns etwas über Geld lehren. Eine Informationslücke, die ich mit diesem Buch schließen will.

Ich arbeite sehr viel mit den universellen Gesetzen. Gelegentlich stellst du dir beim Lesen vielleicht die Frage: »Wie soll das gehen? Warum kann das funktionieren?« Dann empfehle ich dir die Arbeit und Bücher von Dr. Joe Dispenza. Er erklärt wissenschaftlich mit Studien, Details und Auswertungen, warum diese Gesetze funktionieren. Ich habe einfach akzeptiert, dass diese Gesetze wirken. Es ist wie mit der Schwerkraft, ich kann dir nicht erklären, wieso und warum sie hier auf der Erde funktioniert. Aber ich weiß, wenn ich einen Apfel in meiner Hand halte und loslasse, dann fällt er nach unten, nicht nach oben.

Das Buch ist wie folgt gegliedert:

Kapitel 1: Die universellen Gesetze des Geldes

Du fragst dich vielleicht, was dieses Kapitel hier sucht, denn es geht ja ums Geldverdienen und nicht um Spiritualität. Du hast ein Buch gekauft, um finanziell erfolgreicher zu werden, und nicht, um spirituell zu erwachen. Auf den ersten Blick magst du recht haben mit deinem Zweifel, auf den zweiten Blick ist es aber vorwiegend diese Kombination, die für das schnelle und leichte Wachstum deiner Finanzen sorgt. Ohne die universellen Gesetze zu kennen und zu nutzen habe ich 30.000 € im Monat verdient. Mit den universellen Gesetzen waren es bis zu 500.000 € im Monat. In diesem Kapitel erkläre ich die universellen Gesetze, wie sie funktionieren und wie du sie nutzen kannst, um reich zu werden. Die universellen Gesetze zu verstehen, ist der wichtigste Schritt, um in kurzer Zeit und mit Leichtigkeit etwas an deinem Kontostand zu verändern.

Kapitel 2: Sei (nicht) sparsam

Der auf den ersten Blick nötigste Schritt scheint zu sein, einfach jeden Monat möglichst viel zu sparen und dann in etwas zu investieren, das Rendite oder Zinsen bringt. So zumindest wird es einem in jedem Finanzratgeber beschrieben. Früher habe ich auch an diese Herangehensweise geglaubt, und deshalb hatte ich lange kein Geld. Sparen hat mir einfach keine Freude bereitet – ich hatte schon immer wesentlich mehr Spaß am Geldausgeben. Dieses Kapitel ist für alle Sparmuffel und Geldausgeber. Du lernst darin enorm kreative Ansätze zum Geldverdienen kennen, und ich erkläre, wie ich innerhalb kürzester Zeit Multimillionen verdient habe. Dieses Kapitel verändert die Sichtweise aufs Geld und Geldverdienen. Vor allem zeigt es, wie leicht es ist, Geld zu verdienen.

Kapitel 3: Ich bin zu emotional

Uns Frauen wurden sehr lange gesagt, wir seien zu emotional – und das sei etwas Schlechtes. Schließlich leben wir in einer Gesellschaft, die vor langer Zeit beschlossen hat, dass Logik, Handeln und Vernunft die höchsten Werte seien. Nur schade, dass wir als Frauen mit diesen Werten nicht ununterbrochen dienen können, denn wir sind zyklische Wesen und habe keine gleichbleibenden Hormone wie Männer. Dieses Kapitel gibt einen Einblick in die Themen Weiblichkeit, Zyklus und Emotionen einer Frau. Zudem geht es darum, wie wir Frauen im Einklang mit dem eigenen Zyklus leben und uns unsere eigenen Kräfte in jeder Phase des Zyklus bewusst machen können. Eine Frau, die im Einklang mit ihrem Zyklus lebt, ist unaufhaltbar. Ein Turbo für alle Frauen, die schnell Geld verdienen wollen.

Kapitel 4: Ich bin es nicht wert

Uns wurde beigebracht, dass unser Wert, unser Gehalt, unsere Preise von außen bestimmt werden. In der Schule war es der Lehrer, im Job der Chef, im Business sind es die Preise der Konkurrenz. Doch was, wenn das alles gar nicht stimmt? Was, wenn wir es in jeder Sekunde selbst in der Hand haben, wie viel man auf unser Konto überweist? In diesem Kapitel geht es darum, wie du als Angestellte und Unternehmerin das verdienen kannst, was du dir wirklich wert bist. Es beschreibt außerdem, was ein Traumjob ist, wie dieser gefunden werden kann, und vor allem, wie damit genau das Geld verdient werden kann, das man verdienen möchte. Dieses Kapitel stellt viele veraltete Konzepte infrage und ist nichts für schwache Nerven. Ein Kapitel für deinen Selbstwert im Innen und Außen.

Kapitel 5: Es ist ein langer und harter Weg zu meinen Millionen

In der Schule wird uns beigebracht, dass wir dazugehören, wenn wir wie der Durchschnitt sind. Es ist nicht förderlich, zu gut oder zu schlecht zu sein. Wir lernen, dass es darum geht, unsere Schwächen zu unseren Stärken zu machen – statt uns permanent auf unsere Stärken zu konzentrieren und auf das, was uns Freude bereitet. Dieses Kapitel zeigt dir, wie du Schnelligkeit und Leichtigkeit in den Prozess des Geldverdienens bringen kannst und herausfindest, was deine Stärken und Talente sind, was dich einzigartig macht und wie du herausfindest, was du wirklich im Leben willst.

Kapitel 6: Es geht nicht schnell genug
Die meisten Menschen erreichen ihre Ziele nicht, weil ihnen die Geduld fehlt. Sie gehen gefühlt einmal ins Fitnessstudio und erwarten, mit einem Sixpack wieder herauszukommen, obwohl sie ein Leben lang täglich Chips gegessen haben. Es mag etwas überspitzt klingen, doch die meisten Leute haben sich finanzielle Routinen antrainiert, die sie arm halten. In diesem Kapitel geht es deshalb um die Ungeduld beim Veränderungsprozess. Es geht darum, was Ungeduld überhaupt ist, warum wir ungeduldig sind und was wir von unserer Ungeduld lernen können.

Kapitel 7: Ich kann nicht alles haben
Das Leben ist kein Ponyhof, du kannst nicht alles haben. Frauen müssen sich entscheiden zwischen Karriere und Partnerschaft – mit diesen Glaubenssätzen werden wir aufgezogen. Dieses Kapitel räumt mit den alten Vorgaben auf und zeigt, wie du alles im Leben haben kannst, was dir wichtig ist. Außerdem geht es darum, wie du Zugang zu deiner eigenen Intuition finden und Entscheidungen aus dem Herzen und nicht aus dem Kopf treffen kannst. Warum haben die meisten Menschen diesen Zugang verloren, und wie kann dir die eigene Intuition den Weg zu den Millionen zeigen?

Kapitel 8: Geld regelt (m)ein Mann
Ein Dank an Cinderella, Dornröschen und all die anderen Disney-Filme, die uns Frauen immer und immer wieder

vorgeführt haben, dass ein Prinz kommen und uns retten wird. Zahlreiche Filme lehren uns, dass wir Frauen erst mit einem Mann vollständig sind, was dazu führt, dass wir manchmal glauben, für das Thema Geld gar nicht zuständig zu sein. Dieses Kapitel zeigt, wie Geld mit dem Partner easy besprochen werden kann, was ein Geld-Date ist und warum jeder eines vereinbaren sollte. Am Ende des Kapitels gibt es einige Tipps für den entspannten Umgang mit Kindern und dem Thema Geld.

DIE UNIVERSELLEN GESETZE DES GELDES

»Reich sein ist eine bewusste Entscheidung. Arm sein auch.«

JEANINE HURTE

Ich habe schon immer Geld geliebt, und ich hatte auch immer welches in meinem Leben. In jungen Jahren habe ich die Freunde meiner Oma aus ihrem Dorf zu uns nach Hause eingeladen und sie bewirtet. Sie durften alle im Wohnzimmer meiner Oma Platz nehmen, es sich gemütlich machen, gemeinsam erzählen und natürlich von meiner selbst gemachten Menükarte bestellen. Auf der Karte befanden sich Getränke und selbst gebackener Kuchen, und selbstverständlich gab es hinter den Gerichten auch die entsprechenden Preisangaben. Die Zutaten kamen unentgeltlich aus der Küche meiner Oma. Und so habe ich mit Freude die Freunde meiner Oma bewirtet und am Ende abkassiert. Als gute Kellnerin und Geldliebhaberin, schon im Alter von zehn Jahren, habe ich freundlich darauf hingewiesen, dass ein Trinkgeld mehr als erwünscht sei.

Zum Abitur und während des Studiums hatte ich immer Nebenjobs. Jedoch nicht irgendwelche, sondern immer die bestbezahlten. Warum? Weil ich damals schon dachte, wenn ich nun meine Zeit gegen Geld tausche, dann doch da, wo ich am meisten dafür bekomme. Auch wenn ich manchmal lange Nächte und kurze Tage beim Kellnern, bei Übersetzungstätigkeiten oder den zahlreichen Promotion-Jobs durchstehen musste. Ich hatte ein finanzielles Ziel – 100.000 € in einem Jahr – und das wollte ich so schnell wie möglich erreichen. In den ersten Jahren der Festanstellung nach meinem Masterstudium in internationaler BWL entschied ich mich grundsätzlich für den Arbeitgeber, bei dem ich am meisten verdienen konnte. Von Anfang an habe ich bei den Gehaltsverhandlungen immer die Obergrenze getestet. Egal, ob mehr Geld, mehr Urlaubstage oder mehr Flexibilität, ich wollte immer wissen, was für mich möglich war. Mit 25 Jahren habe ich als Wirtschaftsprüferin in Luxemburg zu arbeiten begonnen, und mit 29 Jahren habe ich das erste Mal über 100.000 € im Jahr verdient. Das war damals mein erstes großes finanzielles Ziel.

Eine Sache zieht sich wie ein roter Faden durch mein Leben: Ich habe schon immer mehr Geld verdient als andere in meinem Alter. Doch der wirkliche Shift kam, als ich mein eigenes Unternehmen mit 30 gestartet und meine erste Umsatzmillion innerhalb von zwölf Monaten erreicht habe, ohne bezahlte Werbung, ohne großes Team, und das mit gerade einmal 300 € Startkapital. Im Laufe des Buches wirst du noch mehr dazu erfahren, doch Logik, Vernunft und Verstand haben mir damals gezeigt, wie ich 4.000 € im Monat verdienen und einen Studienkredit über 42.000 € aufnehmen kann. Unvernunft, mein Herz und viele unlogische Entscheidungen haben mich zu meinen Millionen gebracht. Die wichtigste Frage an dieser Stelle ist, bist du bereit, alles, wirklich ALLES über Geld zu ent-lernen, was du bis jetzt gelernt hast? Wenn ja, herzlich willkommen zu deinen Millionen!

Für mich war diese große Veränderung möglich, weil ich zum ersten Mal in meinem Leben ganz bewusst die universellen Gesetze des Geldes anwandte.

Jetzt könnte man einwenden, dass ich ja schon wusste, wie man ein Unternehmen führt, schließlich hatte ich BWL studiert, im Investmentbanking gearbeitet und andere Unternehmen von der Gründung bis zum Börsengang begleitet. Aber das stimmt so nicht. Rückblickend würde ich eher sagen, dass ich lediglich zugesehen hatte, wie andere reich wurden, nicht ich selbst. Weder im Studium noch in meinen vorherigen Jobs wurden mir die entscheidenden Dinge über das Unternehmertum beigebracht.

Gott sei Dank habe ich mein Unternehmen mit 300 € Startkapital, einem Laptop und einer Google-Suchleiste begonnen, denn so musste ich mir alle Fähigkeiten selbst aneignen. Denn eines habe ich heute verstanden: Ist der Schüler bereit, dann taucht der Lehrer auf. Wenn wir uns auf den Weg machen, um unsere eigenen Ziele und Träume zu verwirklichen, schickt uns das Universum immer die Leute, Personen und Fähigkeiten, die wir für den nächsten Schritt benötigen.

WARUM SIND DIE UNIVERSELLEN GESETZE DES GELDES DIE ÜBERHOLSPUR?

Ich war bereit, mehr zu verdienen. Auf gar keinen Fall wollte ich noch einmal so wenig Geld haben wie zu Beginn meiner Zeit als Unternehmerin. Ich habe mein Business mit 300 € Startkapital gestartet, da ich gerade von einer Weltreise kam, meine Ersparnisse ausgegeben hatte und gar nicht bewusst vorhatte, ein eigenes Unternehmen zu starten. Anfangs fand ich einfach die Idee nett, meine eigene Chefin zu sein – mit allen Freiheiten, die ich haben wollte. Ehrlich gesagt wusste ich kaum etwas über das Online-Unternehmertum. Wie baue ich ein Online-Business auf? Wie funktioniert Marketing online? Wie finde ich online zahlende Kunden?

Und so verbrachte ich fast jede freie Minute online und lernte so viel wie möglich über diese Themen. Ich habe mit den Dingen angefangen, von denen mein Verstand mir erklärte, sie wären wichtig und notwendig, um Geld zu verdienen – ein Podcast, eine Webseite, jede Menge Social-Media-Beiträge auf Instagram und Facebook, eine Facebook-Gruppe und vieles mehr. Das alles hat nur dazu geführt, dass ich enorm beschäftigt war und nichts verdient habe.

Die ersten sechs Monate in meinem Business habe ich komplett durchgearbeitet. Montags bis sonntags, 7 Uhr morgens bis 21 Uhr abends. Warum? Das hatte ich überall gelesen, du musst viel arbeiten, du musst hart arbeiten, ein Business aufzubauen ist kein Kinderspiel. Du musst viel kostenlos machen, damit die Leute dich kennenlernen, und erst nach sechs Monaten, wenn du Vertrauen aufgebaut hast, kannst du ihnen etwas verkaufen. Das sind nur einige der Dinge, die ich von anderen Leuten hörte oder von denen ich online las. Diese Statements hörte ich so oft und von unterschiedlichen Leuten, die wesentlich weiter in ihrem Business waren als ich, dass ich dachte, es müsste ja alles wahr sein, eine allgemeine Gültigkeit haben. Und so verbrachte ich die Tage vor meinem Laptop und tat all die Dinge, die »man« halt tun soll:

- Ich veröffentlichte einen Podcast mit dem Titel *Rich and Happy* mit jeweils drei wöchentlichen Folgen im ersten Jahr.
- Ich startete einen Blog mit wöchentlichen Beiträgen, um bei den Suchmaschinen gut gerankt zu werden. Denn man »muss« ja ein gutes Google-Ranking haben!
- Ich postete täglich kostenlose Videos in meiner Facebook-Gruppe und auf meinem Instagram-Kanal.
- Ich setzte aufs E-Mail-Marketing und verschickte wöchentlich einen E-Mail-Newsletter.
- Ich erstellte meine erste Webseite.

Dies ist nur ein Teil der Dinge, mit denen ich mich beschäftigt gehalten habe, ohne auch nur einziges Teammitglied einzustellen. All diese Maßnahmen führten dazu, dass ich bereits ab dem zweiten Monat mehr als 10.000 € im Monat verdiente. Ab dem fünften Monat waren es dann mehr als 100.000 €. Je mehr ich gearbeitet habe, desto mehr habe ich auch verdient. Ich war bei etwa 80 Arbeitsstunden in der Woche angekommen und ziemlich ausgepowert. Ich glaubte zu wissen, dass mein Business nur wachsen könnte, wenn ich noch mehr arbeitete oder begann, mir ein großes Team aufzubauen. Ehrlich gesagt, keine dieser beiden Optionen löste bei mir damals Jubelschreie aus.

Zum Glück bewahrheitete sich auch hier wieder mein Lebensmantra: Ist der Schüler bereit, taucht der Lehrer auf. Und so kamen die universellen Gesetze des Geldes zu mir und zeigten mir, wie ich auf wesentlich einfachere und ganz andere Weise meine erste Million verdienen konnte. Die Gesetze ermöglichten es mir, mit nur 30 Wochenstunden bis zu 500.000 € im Monat zu verdienen.

Es gibt sieben universelle Gesetze des Lebens. Diese funktionieren immer, ob du nun daran glaubst oder nicht. Den Gesetzen ist es egal, was man von ihnen hält, sie machen einfach weiter und wirken. Du hast die Wahl, sie anzunehmen oder weiter zu vernachlässigen. Wie gesagt, man kann es sich wie mit der Schwerkraft vorstellen: Der Schwerkraft ist es auch egal, ob jemand an sie glaubt oder nicht. Sie wirkt einfach weiter. Und so ist es auch mit den sieben universellen Gesetzen des Lebens, die ich in die Sprache des Geldverdienens übersetzt habe.

DAS GESETZ DES REINEN POTENZIALS AKA ALLES IST MÖGLICH

Dieses Gesetz besagt, dass jede Person reines Potenzial ist. Du kannst alles sein, haben und wollen, was du willst. Es gibt keinen Grund, auf der Hälfte stehen zu bleiben oder zu sagen, dass man weniger haben möchte, als man eigentlich will. Das Gesetz sagt also aus, dass wirklich ALLES möglich ist und jeder zu ALLEM alle Fähigkeiten besitzt.

An dieser Stelle könnte das Buch schon beendet sein, denn das ist der Paragraf, den man mindestens hundertmal lesen sollte. Wenn es nur einen Moment beim Lesen dieses Buches gibt, in dem du einen Textmarker hervorholst, dann ist es dieser Moment, diese Stelle. Das erste Gesetz ist unfassbar wichtig, denn gerade viele Frauen erzählen sich interessante Lügen übers Geldverdienen. Dass Geld ihnen nicht so wichtig sei. Dass sie gar nicht so viel Geld bräuchten. Dass Geld Männersache sei und sie innerlich hofften, ein reicher Prinz auf einem weißen Schimmel werde kommen und sie (finanziell) retten. Die gute alte Cinderella-Story. Ich müsste lügen, würde ich behaupten, ich hätte solche Gedanken nicht auch irgendwann gehabt. Doch dann gab es diesen Moment, wo ich einfach nicht länger auf den weißen Prinzen warten wollte und meine Millionen einfach selbst verdient habe.

MILLIONÄRS-TIPP FÜR DICH

Setze dich jeden Morgen mit deinem Journal hin und beantworte dir schriftlich die Frage: *Was – wenn wirklich alles möglich ist – will ich?* Am Anfang wird dir die Frage komisch vorkommen, deine innere Stimme wird sagen, was für eine schwachsinnige Übung. Mache sie dennoch. Denn du bist so viel stärker als die innere Stimme deiner Angst. Übrigens haben wir zunächst immer nur diese eine innere Stimme, die uns klein hält, wenn die Angst in uns spricht. Unser reines Potenzial hat zu Anfang in den wenigsten Fällen eine klare und laute Stimme, wir müssen sie ganz bewusst trainieren. Das Beantworten dieser Frage ist wie der Aufbau eines Muskels und benötigt tägliche Praxis über einen längeren Zeitraum.

Warum ist die Frage so kraftvoll? *Was – wenn wirklich alles möglich ist – will ich?* Sie ist eine wahre Zauberfrage, denn sie gibt einem die Erlaubnis, in seine Traumwelt aka seine eigene Welt des reinen Potenzials einzutauchen. Wenn du dir die Frage stellst: Wie viel will ich im Monat verdienen, wenn wirklich alles möglich ist? – dann kannst du bei der Antwort absolut ehrlich zu dir sein. Egal, was andere glauben, was angemessen, was viel oder was wenig ist. Fange an, andere Fragen zu stellen, und du erhältst andere Antworten und Resultate.

DAS GESETZ DES GEBENS UND NEHMENS (POLARITÄT)

Das zweite universelle Gesetz besagt, dass es im Leben immer um zwei entgegengesetzte Pole geht. Geben und nehmen, schwarz und weiß, Mann und Frau, Tag und Nacht, richtig und falsch, arm und reich – beide Pole sind immer Teil des Universums und werden somit immer in unserem Leben vorhanden sein. Im Universum herrscht ein permanenter und dynamischer Austausch zwischen den beiden Polaritäten – es handelt sich hierbei um einen ganz natürlichen Vorgang. Das folgende Beispiel wird diesen leicht abstrakten Vorgang verdeutlichen: Damit ein Mensch überleben kann, muss er atmen. Unsere Atmung besteht aus zwei Teilen, zwei Polaritäten, der Einatmung und der Ausatmung.

- Man stelle sich einen Menschen vor, der nur einatmet oder nur ausatmet. Dieser Mensch wäre nicht überlebensfähig.
- Man stelle sich einen Menschen vor, der länger einatmet als ausatmet. Diese Atmung wäre vielleicht überlebensfähig, jedoch auf Dauer nicht gesund.
- Man stelle sich einen Menschen vor, der länger ausatmet als einatmet. Auch diese Atmung wäre vielleicht überlebensfähig, jedoch auf Dauer nicht gesund.

Der Zustand, in dem wir uns am entspanntesten fühlen, ist der Zustand, in dem Ein- und Ausatmung im Einklang sind. Teste es direkt einmal selbst. Atme zuerst wesentlich länger ein als aus. Im zweiten Schritt atme einmal ganz kurz ein und probiere dann, ganz lang auszuatmen. Und im dritten Schritt lass deine Atmung einmal natürlich fließen und achte darauf, wie lang Ein- und Ausatmung sind. Wie ist es dir in jedem Atemszenario ergangen? Wo hast du dich am entspanntesten gefühlt?

Das Gesetz des Gebens und Nehmens beziehungsweise der Polarität besagt: Wenn jemand etwas erhalten will, muss zuerst gegeben werden. Wenn du eine Million haben willst, musst du zuerst eine Million energetisch ausgeben beziehungsweise dich auf die Frequenz der Million bringen. Wie soll das aber funktionieren, wenn du gerade keine Million auf dem Konto hast? Wie bin ich hier vorgegangen?

Wie bereits berichtet, hatte ich mein Unternehmen mit 300 € Startkapital gegründet. Mein wöchentliches Budget zum Leben betrug 40 €. Ich denke, wir sind uns einig, dass das Budget nicht sonderlich groß war und ich kein Leben im Luxus führte. Wie konnte ich in dieser Situation das Gesetz des Gebens und Nehmens anwenden? Ich habe mir damals Gedanken gemacht, wie mein Leben als Millionärin später aussehen sollte, und ich entschied, dass ich 10 Prozent von meinem Gewinn spenden würde, weitere 10 Prozent von meinem Gewinn nur für mich nutzen und den Rest in der Firma lassen würde. So habe ich also meine 40 € in der Woche aufgeteilt: 4 € habe ich gespendet, und für 4 € habe ich mir etwas gekauft, was mir Freude bereitet hat. So habe ich mich Schritt für Schritt der richtigen Energie und meiner Millionärsidentität angenähert.

Gerade am Anfang, wenn wir glauben, nicht genug Geld zu haben und dann noch etwas abgeben sollen, kann sich dieses Verhalten sehr unbequem und verkehrt anfühlen. Doch aus universeller Sicht ist dies einer der Wege, um die eigene Energie positiv zu beeinflussen. Was meinen »4 € pro Woche Spaß«-Geld angeht, würden die meisten Leute wohl sagen: Was soll ich mir mit einem so kleinen Betrag schon kaufen? Alles, was ich wirklich will, kostet so viel mehr als 4 €. Das Geld spare ich lieber. In dieser Anfangszeit habe ich die 4 € meistens für zwei Kugeln Eis ausgegeben.

Anfangs kam es mir selbst komisch vor, 8 € von meinen 40 €-Wochenbudget zu spenden und für Eis auszugeben.

Doch ich kannte das Gesetz des Gebens und Nehmens, und so wusste ich auch, dass dieses Geld mindestens zehnfach zu mir zurückkommen würde. Es konnte gar nicht anders geschehen, denn es war ein universelles Gesetz – und so hatte ich dann innerhalb weniger Wochen meine ersten 10.000 € auf dem Konto. Es hört sich verrückt an, aber probiere es einfach mal selbst aus! Es geht nicht darum, sinnlos Geld auszugeben und zu hoffen, dass es zurückkommt. Es geht darum, Stück für Stück das eigene Geldverhalten zu verändern und die Frequenz anzuheben.

MILLIONÄRS-TIPP FÜR DICH

Das Gesetz des Gebens und Nehmens besagt also, dass man geben soll, was man haben will. Du willst mehr Geld auf deinem Konto? Dann fange an, mehr Geld auszugeben. Zum Beispiel gib im Restaurant mehr Trinkgeld oder einer obdachlosen Person 5 € und nimm dabei deine Gefühle wahr. Wichtig ist, dass der Ausgleich zwischen Geben und Nehmen nicht zwischen den beiden gleichen Personen stattfinden muss. Die meisten Leute würden einem Kellner nicht wesentlich mehr Trinkgeld geben, weil sie glauben, dass sie selbst nichts davon hätten. Doch so denken nur Leute, die die Gesetze nicht kennen und nicht nach ihnen leben. Alles im Universum ist Energie, und alles ist miteinander verbunden. Oder atmest du etwa andere Luft als die Tiere oder dein Umfeld? Nichts im Universum kann vergessen oder übersehen werden.

DAS GESETZ DES KARMAS ODER VON URSACHE UND WIRKUNG

Das Gesetz des Karmas besagt, dass wir alles ernten, was wir sähen. Jede einzelne Handlung hat eine bestimmte Folge. Jedes einzelne Wort auf dieser Seite zum Beispiel fügt sich zu dem Buch, das du in der Hand hältst. Tägliches Zähneputzen führt zu gesunden Zähnen, jede Weiterbildung und das Anwenden der neuen Fähigkeiten führt zu größerem finanziellem Erfolg, jede weitere Spanischstunde führt dazu, dass du etwas besser Spanisch sprichst. Ohne neue Saat ist keine neue Ernte möglich. Die Grundvoraussetzung für einen anderen Kontostand ist also, dass du etwas anders machen musst als bisher. In den meisten Fällen haben Logik und Vernunft dich zu deinem aktuellen Kontostand gebracht, und das bedeutet im Umkehrschluss, dass es jetzt Zeit für unlogische und vernünftige Entscheidungen ist. Oder, um es mit Albert Einstein zu sagen: Es ist Wahnsinn, immer wieder das gleiche zu tun und andere Ergebnisse zu erwarten.

Die meisten Leute treffen Aussagen wie die folgenden:

- Wenn ich mehr Geld habe, dann investiere ich in die Weiterbildung.
- Wenn ich mehr Geld habe, dann fange ich mit dem Sparen an.
- Wenn meine Schulden abgezahlt sind, dann spare ich.
- Wenn ich mehr Geld habe, dann bin ich wirklich glücklich.

Oder meine persönliche Lieblingsausrede, die ich als Coach oft höre: »Wenn ich mehr Geld habe, dann buche ich ein Coaching bei dir, Jeanine.«

Für viele werden sich diese Sätze auf den ersten Blick logisch und vernünftig anhören. Und genau deshalb sind die jeweiligen Sprecher wahrscheinlich pleite oder zumindest in einer finanziell eher bescheidenen Situation. Warum? Ein Beispiel aus dem Profisport mag verdeutlichen, wo der Denk- und Handlungsfehler liegt. Gibt es einen Profisportler, der jemals gesagt hat: Also, wenn ich in der Champions League spiele, dann hole ich mir einen Trainer. In der Dokumentation über das Sportleben von Dirk Nowitzki, einem der besten deutschen Basketballer in der NBA, ist sogar zu sehen, dass er immer seinen eigenen Trainer an seiner Seite hatte. Die Dallas Mavericks, das NBA Team von Dirk Nowitzki, wurde natürlich weiter von einem Trainer geleitet, doch Dirk hatte zudem seinen persönlichen Trainer, mit dem er fernab der Mannschaft noch zusätzlich trainierte.

Im Profisport mag es den meisten Leuten absolut selbstverständlich vorkommen, dass ein Spieler ohne Trainer und tägliches Training nicht erfolgreich sein kann. Das Gesetz von Karma – Ursache und Wirkung – erklärt das Prinzip: Ein Profisportler trainiert täglich – sprich, er sät täglich. Wie auch bei der Ernte, kann er nicht sofort ernten. Er ist nicht nach ein paar Trainingseinheiten schon Profisportler, trotzdem kommt irgendwann der Punkt, wo er durch seine tägliche Saat, sein Training, auch täglich ernten kann, nämlich über seine Einsätze auf dem Spielplatz. Das Gesetz des Karmas besagt, dass alle Energie, die wir einem Thema widmen, nicht verloren gehen kann. Alles, was wir geben, muss irgendwann und irgendwie zu uns zurückkommen.

Wie kann dieses universelle Gesetz nun genutzt werden, um den eigenen Kontostand zu erhöhen? Vor allem muss dem eigenen Konto regelmäßig Aufmerksamkeit zuteilwerden. Gemeint ist kein tägliches Gejammer darüber, dass nicht genug Geld vorhanden ist, vielmehr geht es darum, wie viel Zeit du dir täglich nimmst, um deinen Kontostand zu erhöhen. Wie Einstein schon sagte, es muss etwas ganz bewusst anders gemacht werden, damit ein neues Resultat entstehen kann. Das gilt auch für dein Konto. Ein erster Schritt kann immer finanzielle Bildung sein. Jedoch reicht es nicht, einfach ein Buch zu lesen, zum Beispiel dieses, und es nach der Lektüre zur Seite zu legen und zu hoffen, dass über Nacht die Millionen aufs Konto wandern. Stattdessen geht es in einem zweiten Schritt darum, das erworbene Wissen auch umzusetzen. Und zwar täglich und nicht nur einmal, um sich dann sofort zu wundern, warum sich noch nichts verändert.

Denke immer dran: Dein aktueller Kontostand ist der Spiegel aller finanziellen Entscheidungen deines kompletten Lebens. Wie viele Entscheidungen wurden getroffen, die zu diesem Kontostand geführt haben? Lass mich raten, es waren garantiert ein paar Hunderte, wenn nicht Tausende. Kann jetzt also eine einzige Handlung ausreichen, um alles zu verändern? Leider nein! Wer kontinuierlich ernten will, muss auch kontinuierlich säen. Wenn du jeden Tag, jede Woche, jeden Monat mehr verdienen willst, dann musst du jeden Tag, jede Woche oder jeden Monat etwas beziehungsweise alles bewusst anders machen. Je größer das finanzielle Ziel, das erreicht werden soll, desto größer sind die bewussten Veränderungen, die du vornehmen musst.

Warum gelingt es so vielen Leuten ein Leben lang nicht, sich finanziell zu verändern? Warum verdienen sie innerhalb der Gehaltsspanne, in der sie geboren wurden? Der erste Grund ist, dass sie nicht glauben, selbst für ihren Kontostand verantwortlich zu sein. Vielmehr herrscht vermeintlich eine gesellschaftliche Krise, etwas, das von außen auf den Markt einwirkt, und entsprechend haben sich die Preise entwickelt. Oder der Chef zahlt nun mal leider nicht mehr. Das sind die gängigsten Ausreden, die jede finanzielle Veränderung unmöglich machen. Zweitens haben viele nicht den Willen, wirklich über einen längeren Zeitraum ihr Verhalten zu ändern, denn das ist wirklich unbequem. Stell dir vor, du bist es gewohnt, immer am 5. eines Monats all dein Geld auszugeben. Jetzt sollst du genau das nicht mehr tun – die Veränderung wird sich zunächst unbequem anfühlen, denn deine interne Programmierung ist darauf ausgerichtet, dass du an diesem Tag dein Geld ausgibst und nicht behältst. Es benötigt ein bisschen Zeit und Disziplin, sich von solchen internen Programmierungen abzulösen – es ist wie das Lernen einer neuen Sprache. Und gleichzeitig gilt: Je mehr du übst, desto schneller wirst du ans Ziel kommen.

DAS GESETZ DES GERINGSTEN AUFWANDES

Das Gesetz des geringsten Aufwandes besagt, dass alles, was wir mit Leichtigkeit ausführen, gelingen wird. Wenn Dinge in Harmonie, Freude und Liebe getan werden, werden sie auf einfache und mühelose Weise zum Erfolg. Ein anschauliches Beispiel ist die Natur. Im Frühjahr und Sommer ist zu beobachten, wie die Bäume und Pflanzen zu blühen beginnen. Es wird keine besondere Anstrengung wahrgenommen, vielmehr ist es der natürliche Verlauf der Dinge. Genauso ist im Herbst und Winter in der Natur zu beobachten, dass es um Rückzug, Entspannung und Erholung geht. Wie immer gibt es auch hier zwei Polaritäten: Frühling und Sommer, alles blüht – während die Natur im Herbst und Winter die Blätter und Blüten fallen lässt.

Dieses Gesetz besagt zudem, dass wir Dinge einfach annehmen müssen, wie sie sind. Das »einfach« hat hier zwei Bedeutungen. Zum einen sind die Dinge einfach – also nicht kompliziert. Und zweitens sind die Dinge einfach da – es ist, wie es ist. Aufs Leben übertragen bedeutet dies: Nichts ist besser oder schlechter als etwas anderes. Herbst und Winter sind nicht besser oder schlechter als Frühling und Sommer. Die Polaritäten des Lebens sind einfach nur vorhanden und gehören zum natürlichen Fluss des Lebens dazu. Wenn wir anfangen, Dinge zu bewerten und etwa behaupten, dass der Frühling und Sommer viel besser seien als der Herbst und Winter, bringen wir automatisch eine gewisse Schwere in die Situation, die von der Natur eigentlich nicht vorgesehen ist. Jegliche Art von Bewertung macht das Leben unnatürlich.

Wenn das Gesetz des geringsten Aufwandes auf die Finanzen angewandt wird, glauben viele Leute, man solle nun den ganzen Tag dasitzen, auf das große Geld hoffen und meditieren. Doch das ist ein großes Missverständnis. Vielmehr geht es bei diesem Gesetz darum, sich dem Fluss des Lebens hinzugeben und zu akzeptieren, dass die Dinge halt so lange brauchen, wie sie brauchen. Wenn ich im Frühling eine Saat pflanze, dann kann ich nicht im gleichen Augenblick die Ernte dieser Saat einfahren. Es dauert ein paar Monate. Ebenfalls besagt das Gesetz, dass ich in der Zeit zwischen Saat und Ernte nicht jeden Tag »schauen muss«, ob mein Saatkorn noch im Boden ist oder welche Fortschritte es gemacht hat. Ich kann stattdessen auf den natürlichen Prozess vertrauen – dass nämlich aus einer Saat etwas wird, das ich später ernten kann.

Man sollte sich also finanziell weiterbilden, sollte anders handeln als zuvor, und trotzdem nicht sofort die erste Million auf dem Konto erwarten. Und dann aufgeben, wenn das Geld innerhalb einer Woche noch nicht da ist. Auch bis zu meiner ersten Million hat es ein Jahr gedauert. Das waren 365 Tage, an denen ich komplett anders handeln musste, als ich es vorher getan habe. Eine Sache, die ich bis heute täglich mache, ist das Aufschreiben meiner Ziele. Somit habe ich immer genau die Richtung vor Augen, in die ich will. An jedem einzelnen Tag, ob ich gerade

Lust hatte oder nicht. Und bis heute bilde ich mich jeden Tag weiter, denn ich weiß, es gibt keine Grenzen, alles ist möglich – wie in der Natur. In den letzten beiden Jahren habe ich über 1.500.000 € in mich und meine Weiterbildungen investiert. Glaubst du noch immer, dass es Zufall oder Glück ist, dass ich da bin, wo ich bin? Es gibt keinen Baum, der sagt, jetzt höre ich auf zu wachsen, ich habe keine Lust mehr. Passiert dies doch, stirbt der Baum. So wie ein Mensch innerlich stirbt, wenn er sich nicht weiterbildet. Es ist nur natürlich für einen Menschen, dass er so viele neue Erfahrungen wie möglich machen möchte. Daher wollen unsere Kinder auch ständig neue Dinge machen und erleben.

MILLIONÄRS-TIPP FÜR DICH

Beim Gesetz des geringsten Aufwandes geht es um Akzeptanz und Eigenverantwortung. Im ersten Schritt geht es darum, zu schauen, was einem Spaß macht. Wo ist der »geringste Aufwand«, um leicht Geld zu verdienen? Für mich ist es zum Beispiel – Geld. Ich kann zu jeder Tageszeit über Geld reden und wie es sich noch leichter verdienen lässt. Das ist meine Gabe, ich sehe überall und für alle Unternehmen innerhalb kürzester Zeit neue Wege, mit denen sich noch mehr Geld verdienen lässt. Ich muss nie groß darüber nachdenken, vielmehr nehme ich die Möglichkeiten sofort wahr.

Nachdem du herausgefunden hast, was dir Freude bereitet, stell dir die Frage, wie sich mit deiner Sache Geld verdienen lässt, und lerne alles über Unternehmertum. Im dritten Schritt genieße den neuen leichten Geldfluss und den neuen Lebensstil. Hört sich zu gut an, um wahr zu sein? Verstehe ich, doch es ist wie in der Natur – es geht um maximale Schönheit ohne Anstrengung und Druck. Und das gilt auch für das eigene Geld.

Egal, ob selbstständig oder nicht, es gilt immer die Regel: *Work smart not hard* – arbeite schlau und nicht schwer. Bei vielen Menschen, besonders in der Gründerszene, gibt es den Glaubenssatz, dass viel Hustle zum Erfolg führt. Doch das ist nicht wahr. Es entspricht keinem universellen Gesetz. Enormer Druck und Fokus auf den Umsatz machen dich nicht automatisch zum Millionär. Vielmehr ist es wie das Ausüben von enormem Druck auf ein Ei, das man in der Hand hält. Was passiert mit dem Ei, wenn zu viel Druck ausgeübt wird? Genau, es geht kaputt. So ist es mit allen Dingen, auf die wir künstlichen und ungesunden Druck ausüben. Sie funktionieren einfach nicht. Daher füllt sich jedes Konto schneller, wenn Dinge getan werden, die im Flow entstehen und sich positiv anfühlen.

DAS GESETZ VON ABSICHT UND WUNSCH (GESETZ DER ANZIEHUNG)

Das Gesetz von Absicht und Wunsch besagt, dass in jedem Wunsch immer auch die Wunscherfüllung schon vorhanden ist. Oder wie es in der Bibel steht: Bittet, so wird euch gegeben. Immer und überall haben wir die Möglichkeit, nach allem zu fragen und das Gewünschte zu bekommen. Das bedeutet, dass es wirklich keinen einzigen Wunsch gibt, den das Leben uns nicht erfüllen könnte, egal ob es Millionen sind, eine Traumpartnerschaft, eine Familie, eine Luxusvilla in der Sonne. Kein Wunsch ist zu groß, und kein Wunsch ist zu klein. Alles ist immer für alle zur gleichen Zeit möglich.

Ich weiß, auch das hört sich zu gut an, um wahr zu sein. Die Sache scheint viel zu einfach. Einige sagen jetzt vermutlich: Würde das wirklich so funktionieren, würden alle das Prinzip nutzen und anwenden. Die meisten Leute haben vielleicht einmal von diesem Gesetz gehört und es mit einem einzelnen Wunsch probiert. Dieser Wunsch wurde nicht sofort erfüllt, und so kam man dann zu dem Entschluss, dass das Gesetz nicht funktioniert. Doch eine solche Resignation ist aus zahlreichen Gründen fatal! Erstens benötigt die Anwendung dieses Gesetzes genauso viel Übung und Training wie das Erlernen einer neuen Sprache. Zweitens reicht es nicht aus, den Wunsch nur einmal zu äußern. Vielmehr muss die genaue Frequenz aufgebaut werden, über die sich der Wunsch ansprechen lässt. Was das im Detail bedeutet, wird später in zahlreichen Kapiteln erklärt. Eine der wichtigsten Voraussetzungen ist jedoch, dass der Wunsch aus tiefstem Herzen kommt. Daher können die meisten Menschen sich auch den Wunsch nach Geld nicht erfüllen, da er nicht aus tiefstem Herzen kommt, sondern eher eine dahingesagte Floskel ist. Ach, es wäre doch nett, ein bisschen mehr Geld zu haben ...

Der genaue Titel lautet: Das Gesetz von *Absicht* und Wunsch. Zu jedem Wunsch muss der Besteller auch eine Absicht haben. Wenn Millionensummen beim Universum bestellt werden, sollte der Besteller also genau wissen, was mit diesen Millionen gemacht werden soll. Warum ist das die Voraussetzung zur Wunscherfüllung? Wie bereits gesagt, basiert alles im Universum auf der Bewegung von Energie. Auch Geld ist Energie in Bewegung. Wird Geld jedoch nur bestellt, damit es in großen Mengen auf dem Konto liegt, ist es nicht mehr in Bewegung und der natürliche Energiefluss wird unterbrochen.

Eine weitere Voraussetzung für die Wunscherfüllung ist, dass der Wunsch aus tiefstem Herzen kommen muss. Besonders viele Frauen wünschen sich Geld, um es wohltätigen Organisationen zu spenden. Meine Erfahrung als Coach hat gezeigt, dass dies in den meisten Fällen nicht funktioniert, auch wenn es sich um einen Herzenswunsch handelt. Warum ist das so? Ich denke, ein solcher Wunsch funktioniert aus zwei entscheidenden Gründen nicht.

Zum einen herrscht im Universum Freiheit. Das bedeutet, dass wir uns nie etwas für jemand anderen wünschen können, da dies ein Eingriff in dessen Freiheit wäre, auch wenn wir uns auf den ersten Blick etwas wünschen, was dieser Person dienlich wäre. Jeder ist der Schmied seines eigenen Glückes. Jede Person hat den Zugang zu den gleichen Gesetzen und Kräften des Lebens, doch nicht jede Person entscheidet sich, bewusst davon Gebrauch zu machen. Und dies ist von jedem Einzelnen zu akzeptieren. Ich für meinen Teil kann es nicht nachvollziehen, dass es wirklich Leute gibt, die wenig Geld haben möchten. Aber ob ich das gute finde oder nicht, spielt keine Rolle. Jede Person ist für sich selbst verantwortlich. Und deshalb ist es ein Eingriff in die Freiheit des anderen, wenn wir uns Geld wünschen, um es einfach nur weiterzugeben. Hintergrund unseres Wunsches ist zudem ein negativer Gedanke: Wir glauben nicht, dass der andere es allein schaffen kann, deshalb geben wir ihm Geld. Dieser Mangelgedanke kann nur weiteren Mangel anziehen. Es ist aus universeller Sicht nicht anders möglich.

Und zweitens ist Energie im Universum immer in Bewegung. Auch Geld will sich bewegen. Wird es jedoch bestellt, um direkt weitergegeben zu werden, wird es nicht bestmöglich bewegt. Stell dir vor, du erhältst eine Einladung von deinem Lieblingsstar, er/sie möchte sich mit dir treffen. Du gehst zu dem Treffen, bist voller Vorfreude, aufgeregt, dir gehen tausend Fragen durch den Kopf. Es sind wenige Minuten vor dem Treffen, du bist startklar, du triffst deinen Star, und das Einzige, was er/sie macht, ist dir die Hand zu geben und zu sagen: »Tschüss, schönes Leben noch.« Ich weiß nicht, wie es dir gehen würde, doch ich käme mir ziemlich verarscht vor und würde denken, dass das absolute Zeitverschwendung war.

Und genau so ist es mit dem Geld. Du wünschst es dir, doch es wird einfach an andere weitergegeben. Das Geld fühlt sich gewissermaßen verarscht und fragt sich, warum es überhaupt zu dir kommen soll. Könnte es nicht auf direktem Weg zu der anderen Person gehen? Es ist, als würde man jemanden anrufen, nur um der Person zu sagen, dass man sie nie wieder anrufen wird.

MILLIONÄRS-TIPP FÜR DICH

Was wollen wir mit dem Geld genau machen? Sei so spezifisch wie nur möglich. Es reicht nicht aus, sich einfach ein neues Auto zu wünschen. Das Universum kann dir auf diesen Wunsch hin ein Auto liefern, welches einen Totalschaden hat. Das ist bestimmt nicht, was du im Hinterkopf hattest, als du an dein neues Auto dachtest. Wir müssen spezifisch sein, welches Automodell, welche Farbe, welches Baujahr, PS, Innenausstattung. Alles, was wichtig ist, sollte aufgeschrieben werden. Es können nie zu viele Details genannt werden, die einem wichtig sind. Wünsch dir Geld für dich selbst und formuliere einen genauen Plan, was du damit machen willst. Sei spezifisch – in was willst du investieren, was willst du dir kaufen und wie willst du mit dem neuen Geld leben? Für die meisten Leute funktioniert die Manifestation des Geldes nicht, weil sie keinen genauen Plan haben, was sie mit dem Geld machen wollen.

Nutze deine Manifestationsenergie nur für dich. Willst du anderen Leuten helfen, dann ist ihnen vor allem langfristig viel mehr geholfen, wenn du ihnen zeigst, welche Kräfte in ihnen stecken. Das hört sich vielleicht sehr egoistisch und gemein an. Doch ein Beispiel lässt den tieferen Sinn dahinter erkennen.

Stellen wir uns einen obdachlosen Menschen vor, der bettelt. Natürlich gibt es die Möglichkeit, ihm einfach ein paar Euro zu geben und weiterzugehen. In dem Augenblick wird es der Person beim reinen Überleben helfen. Es hilft der Person jedoch auf keinem Fall weiter, zu seiner eigenen Kraft zurückzukehren, zu erkennen, was in ihm/ihr steckt und welche Möglichkeiten diese Person hat, ihr Leben zu bestreiten. Durch permanentes Betteln glaubt die Person nach gewisser Zeit selbst daran, dass Betteln die einzige Möglichkeit sei, zu überleben. Aus universeller Sicht kann es dem Bettler, der permanent Spenden erhält, nicht besser geben, weil er nicht an seine eigenen Kräfte und Fähigkeiten glaubt. Das Universum erfüllt *jeden Wunsch,* der aus tiefstem Herzen gewünscht wird. Frage, und dir ist gegeben. Egal, was es ist. Für jeden Menschen geht es im Leben darum, seine aktiven Schöpferfähigkeiten zu aktivieren und aus dem Opfermodus zu kommen. Jeder Mensch hat das volle Potenzial, auf eigenen Füßen zu stehen. Es ist nicht verkehrt, Geld zu spenden, jedoch sollte beim Gegenüber auch immer der Schöpfermodus aktiviert werden.

DAS GESETZ DES LOSLASSENS

Damit sich die eigenen Wünsche oder Bestellungen realisieren lassen, müssen sie dem Universum übergeben beziehungsweise losgelassen werden. Wie kommt es genau zur Wunscherfüllung? Bei der Manifestation eines Wunsches gibt es drei Schritte:

1. Bestellen
2. Loslassen
3. Empfangen

Dieser Prozess lässt sich gut mit dem Bestellen eines Gerichtes in einem Restaurant vergleichen. Wir kommen an, suchen uns ein Gericht von der Karte aus und sagen dem Kellner genau, was wir haben wollen. Wir lassen los beziehungsweise warten wir auf unser Essen und nehmen im letzten Schritt unser bestelltes Gericht vom Kellner entgegen.

Im ersten Schritt geht es darum, dass wir unser Gericht möglichst genau bestellen. Wenn wir dem Kellner im Restaurant lediglich sagen, wir hätten gern etwas zu essen, das warm ist, wird er uns verständnislos angucken und fragen, welches warme Essen wir *genau* wollen. Und je genauer wir dem Kellner erklären, was wir wollen, desto wahrscheinlicher ist es, dass wir das Richtige erhalten. Bestelle ich einen Feldsalat mit Shrimps anstatt Hähnchen, Medium gegrillt, zweimal Pfeffer links an der Mühle gedreht und mit zwei Cherrytomaten, dann kann der Kellner damit etwas anfangen. Wie bereits oben erwähnt: Es ist enorm wichtig, bei den eigenen Wünschen so konkret wie möglich zu sein.

Im zweiten Schritt, dem Loslassen, hat der Besteller keine aktive Rolle. Nachdem der Kellner die Bestellung aufgenommen hat, geht er in die Küche und spricht mit dem Koch. Der Koch bereitet das Essen zu und klingelt, wenn es fertig ist. Der Kellner holt das Essen aus der Küche und serviert.

Was machen wir in dieser Zeit in dem Restaurant? Nichts. Wir genießen die Zeit mit uns selbst oder unserem Gegenüber. Wir unterhalten uns, lachen, trinken etwas, haben einfach eine gute Zeit. Wie würde der Prozess aussehen, wenn wir nicht loslassen und vor allem dem Kellner nicht vertrauen? Wir würden dem Kellner in die Küche folgen und schauen, ob er dem Koch auch alles richtig mitteilt. Wir würden dem Koch über die Schulter sehen, ob er unser Essen richtig zubereitet. Wir würden den Kellner rufen und ihm mitteilen, dass unser Essen fertig ist und aus der Küche abgeholt und zu unserem Platz getragen werden kann. Wir würden neben dem Kellner herlaufen und uns wieder an unseren Platz setzen. Stelle dir vor, dass du dich in einem Restaurant tatsächlich so verhalten würdest. Wahrscheinlich würde der Kellner denken, du hättest nicht alle Tassen im Schrank, und dich rausschmeißen.

Der zweite Schritt des Manifestierens ist ein passiver Schritt für den Besteller. Wie kann man sich das genau vorstellen? Die Bestellung geht beim Universum ein, und jetzt werden gewissermaßen alle Möglichkeiten geprüft, wie der Wunsch erfüllt werden kann. Hierbei gilt es, einfach loszulassen und sich dem Leben hinzugeben. Warum ist jedoch dieser passive Schritt für die meisten Menschen der schwierigste Schritt bei der Manifestation des Wunsches?

- Loszulassen bedeutet hundertprozentig darauf zu vertrauen, dass der Wunsch erfüllt wird. Es bleibt kein Raum für Zweifel.
- Loszulassen bedeutet hundertprozentig daran zu glauben, dass der Wunsch erfüllt wird, jedoch nicht zu wissen, wann genau.
- Loszulassen bedeutet hundertprozentige Hingabe an das Leben. Die Dinge sind nun eben, wie sie sind.
- Loszulassen bedeutet hundertprozentigen Verzicht auf das Erzwingen der Lösung. Das Erzwingen von Lösungen schafft nur noch mehr Probleme.
- Loszulassen bedeutet hundertprozentig ein Leben in Freiheit, weil es 1.000.000 und mehr Möglichkeiten gibt, wie der Wunsch erfüllt werden kann.
- Loszulassen bedeutet hundertprozentige Offenheit für alle Möglichkeiten, die das Leben für uns bereithält.

Der dritte Schritt, das Empfangen, funktioniert wie folgt: Stell dir vor, du willst Konzertkarten haben (Schritt 1 – Fragen). Du siehst beim Konzertkartenhändler, dass es Karten gibt (Schritt 2 – Loslassen). Um wirklich im Konzert sitzen zu können, musst du Konzertkarten kaufen (Schritt 3 – Empfangen). Es reicht nicht aus, nur auf die Webseite zu gehen und zu gucken und zu denken, dass es schön wäre, wenn du bei diesem Konzert dabei sein könntest. Schritt 3 bedeutet, wir empfangen Impulse, etwas anders zu machen, als wir sonst getan haben. Vielleicht rufen wir eine bestimmte Person an, reisen zu einem bestimmten Ort oder erzählen jemand Bestimmtem von unserem Vorhaben. Die meisten Leute sagen zu solchen Impulsen, ist ja eh Quatsch, es ist absolut unsinnig, und sie handeln nicht. Das ist, als würde man einfach auf einer Webseite gucken, ob die Konzertkarten noch verfügbar sind, sie dann nicht buchen und sich aber beschweren, dass man später nicht im Konzert sitzt. Das Empfangen fühlt sich meistens unlogisch und unvernünftig an. Der innere Kritiker kann hier sehr laut werden. Empfangen bedeutet – ich empfange einen Impuls und handle sofort. Nicht irgendwann, sondern *sofort*.

MILLIONÄRS-TIPP FÜR DICH

Das Loslassen benötigt keine aktive äußere Handlung, jedoch ein zu 100 Prozent aktives Gedankenmanagement im Inneren. Lass uns bei meinem Lieblingsbeispiel bleiben, dem Geld. Jemand wünscht sich sofort 10.000 € auf sein Konto. Die Bestellung geht beim Universum ein. Sie wird bearbeitet. Und jetzt hat die Person folgende Gedanken:

- Das klappt sowieso nicht.
- Das ist viel zu einfach.
- Was für ein Schwachsinn.
- Geld wächst nicht auf Bäumen.
- Für Geld muss ich hart und schwer arbeiten.
- Was soll ich bloß mit so viel Geld machen?

Mit jedem dieser Gedanken wird dem Universum mitgeteilt, dass das Geld doch nicht gewollt ist. Übersetzt in unser Restaurantbeispiel: Die genaue Essensbestellung ist beim Kellner eingegangen, sie soll gerade in der Küche zubereitet werden. Und jetzt teilst du dem Kellner noch zehnmal mit, dass du das Essen doch nicht willst, dass es eh nicht schmeckt, du dieses Gericht noch nie mochtest. Was wird passieren? Deine Bestellung wird abgebrochen, du erhältst sehr wahrscheinlich nichts. Und genau so ist es auch, wenn du beim Universum Geld bestellst.

Das Gesetz des Loslassens besagt also, dass kein äußerlich aktives Handeln notwendig ist, wir aber dafür sorgen müssen, dass unsere Gedanken im Inneren zu 100 Prozent positiv sind. Und das ist die wahre und schwere Arbeit beim Manifestieren, denn die meisten Menschen sind es nicht gewohnt, ihre Gedanken wahrzunehmen. Und wir haben am Tag über 60.000 Gedanken!

DAS GESETZ DES »DHARMAS« ODER VOM SINN DES LEBENS

Gerade in der aktuellen Zeit scheinen sich immer mehr Leute mit ihrem eigenen »Warum« zu beschäftigen. Warum bin ich hier? Was kann ich anderen geben? Wörter wie Seelenaufgabe, Herzensbusiness oder Herzensaufgabe haben es sogar in die Mainstreammedien geschafft. Doch was hat es damit genau auf sich? Das Gesetz des Dharmas besagt, dass jeder Mensch eine Aufgabe beziehungsweise eine Fähigkeit hat, die er wesentlich besser beherrscht als andere. Jeder Einzelne von uns ist hier, um einer bestimmten Aufgabe nachzugehen. Diese kann sich im Laufe des Lebens verändern. Das eigene Warum zu finden, löst auch deshalb eine so große Faszination bei uns aus, weil es ein essenzieller Teil unseres Seins ist. Wenn alles in der Natur perfekt orchestriert ist – wir atmen den Sauerstoff ein und CO_2 aus, während es bei Pflanzen genau umgekehrt ist. Es gibt Tag und Nacht und Meer und Land –, ist es dann nicht absolut naheliegend, dass jede Existenz einen tieferen Sinn hier auf der Erde hat?

Das Gesetz des Dharmas besagt, dass die tiefste Erfüllung eines Menschen darin besteht, sein eigenes Dharma zu leben und anderen damit zu dienen beziehungsweise ihr Leben positiv zu verändern. Dies kann ich nur bestätigen. Anfangs war es eine große Erfüllung, zu sehen, wie sich mein Kontostand immer weiter veränderte. Doch eine wesentliche größere Erfüllung war es dann, als sich auch das Leben meiner Kunden verändert hat. Zu sehen, wie es in meiner Community immer mehr und mehr Millionärinnen gab und diese ihren Erfolg mit vollem Stolz zeigten und lebten.

Ich habe so viele Menschen in den letzten Jahren kennengelernt, die einen enormen finanziellen Wohlstand besitzen, doch Angst haben, es zu zeigen. Es hat sich für sie leichter angefühlt, ihren Wohlstand zu verstecken. Es kann jedoch im Leben nicht darum gehen, Anteile von sich selbst zu verstecken, damit sich andere Leute wohlfühlen. Ich bin nicht auf dieser Welt, um anderen Leuten zu gefallen. Und du auch nicht.

Das Gesetz des Dharmas besagt also, dass du aus einem wichtigen Grund hier bist und entsprechend leben sollst. Es geht darum, immer auf dein Gefühl zu hören, dich davon leiten zu lassen und immer du selbst zu sein, ohne irgendwelche Masken aufzusetzen, damit du anderen besser gefällst.

MILLIONÄRS-TIPP FÜR DICH

Ich finde das deutsche Wort »Berufung« sehr dienlich an dieser Stelle. Das Leben führt dich zu deiner Berufung, wenn du dafür bereit und offen bist. Das Leben »ruft« dich. Es gibt keinen Grund, sich aktiv auf die Suche zu machen – denke an das Gesetz des geringsten Aufwandes und das Gesetz von Absicht und Wunsch. Für mich war es ein steiniger Weg, mein Dharma zu finden, was an mir lag und niemand anderem. Es hat sich wie eine Zwiebel entfaltet, jeden Monat ist eine weitere Schicht gefallen und fällt noch immer. Jeden Tag aufs Neue gebe ich mir die Erlaubnis, mein Dharma noch mehr zu leben und zu zeigen. Also frage beim Leben nach deinem Dharma. Sage dem Leben, dass du jetzt bereit bist, dein Dharma zu leben und zu zeigen.

Zusätzlich stelle ich mir am Ende meiner Morgenroutine täglich die Frage, wie ich meinem Dharma heute bestmöglich dienen kann. Basierend auf dem Gesetz der Polarität muss es zwei unterschiedliche Antwortbereiche geben – »Innen und Außen«, »ich und andere«. Um deinem Dharma bestmöglich dienen zu können, ist es also enorm relevant, dass du so viel für dich tust wie für andere. Gerade für uns Frauen ist es oftmals viel leichter, mehr für andere zu tun als für uns selbst. Dies kann jedoch auf Dauer nur zu Erschöpfung und Unzufriedenheit führen.

Stell dir vor, dass du ein Glas mit Wasser hast, und du möchtest nun gern von deinem Wasser etwas an andere abgeben. Es gibt drei Szenarien. Erstens: Dein Glas ist leer, sprich, du kannst gar nichts abgeben. Zweitens: Du hast ein halb volles Glas mit Wasser und möchtest etwas abgeben. Dies ist möglich, indem du etwas Wasser von deinem Glas in mein Glas schüttest. Das Wasser wird nur an einer Stelle an eine Person weitergegeben. Drittes Szenario: Dein Glas ist komplett voll oder läuft bereits an allen Seiten über. In diesem Szenario hast du die Möglichkeit, zahlreichen Menschen auf einmal zu helfen. Es ist jetzt viel leichter, zu helfen, da du nur dafür sorgen musst, dass dein Glas Wasser immer am Überlaufen ist. So ist es, wenn du dein Dharma kennst und lebst – du bringst zuerst dein eigenes Glas zum Überlaufen und gibst dann easy und entspannt an andere ab.

Anfangs mögen wir glauben, dass die universellen Gesetze Hokuspokus sind. Oder kann Geldverdienen wirklich so leicht und unkompliziert sein? Für mich haben sich die Gesetze als Grundlage für den leichten Aufbau meines Vermögens entpuppt. Während die meisten Leute hart und schwer arbeiten, habe ich mich entschieden, leicht und schnell und schlau zu arbeiten und mir vor allem selbst treu zu bleiben. Schließlich habe ich als Kind schon meinen Eltern gesagt, dass ich mit 40 Jahren »in Rente« gehen will und nicht so viel arbeiten möchte wie sie. Ich empfehle aus ganzem Herzen, diese Gesetze zu studieren – wie zu früheren Zeiten ein Schulbuch. Je mehr wir sie verstehen, desto gezielter können wir handeln und werden mit der Zeit erkennen, wie wenig Mühe es im Leben braucht, um finanziell erfolgreich zu sein.

JETZT DEN KONTOSTAND ERHÖHEN!

Am Ende des Kapitels noch einige Tipps zur praktischen Vorgehensweise.

DANKBARKEITSTAGEBUCH SCHREIBEN

Das Schreiben eines Dankbarkeitstagebuchs ist eins der effektivsten Tools, um schnell die eigene Einstellung zu verändern. Es ist aus energetischer Sicht unmöglich, für eine Sache dankbar zu sein und sie gleichzeitig zu hassen. Grundsätzlich können wir für alles im Leben dankbar sein – für Dinge, die wir einmal hatten, die wir aktuell haben und auch für Dinge, die wir in der Zukunft haben wollen. Fange einfach an, jeden Tag drei Dinge aufzuschreiben, für die du dankbar bist. In der nächsten Woche schreibst du fünf Dinge auf und nach einem Monat schreibst du täglich zehn Dinge auf, für die du dankbar bist. Anfangs kann es sich komisch anfühlen und innerer Widerspruch mag aufkommen, doch mit der Zeit wird es immer leichter. Es ist wie ein Muskel, der trainiert wird.

WUNSCHJOURNAL SCHREIBEN

Zusätzlich empfehle ich dir ein tägliches Journal zu führen, in dem du deine Wünsche notierst. Hierbei ist es erst einmal egal, ob sich die Wünsche wiederholen oder es immer neue Wünsche sind. Wesentlich wichtiger ist, dass du deine Wünsche klar formulierst. Denke an das Beispiel mit der Bestellung im Restaurant. Das detailreiche Aufschreiben der eigenen Wünsche braucht ebenfalls etwas Übung, da wir erst einmal lernen müssen, dass für uns wirklich alles möglich ist.

GEDANKENMANAGEMENT

Du bekommst, woran du denkst beziehungsweise worauf du dich fokussierst. So ist das Gesetz. Ja, wir haben 60.000 Gedanken am Tag, und es nicht möglich, alle Gedanken zu kontrollieren. Eine solche Kontrolle soll auch auf gar keinen Fall die Lebensaufgabe eines Menschen sein. Vielmehr geht es darum, sich einen Bereich im Leben auszusuchen, in dem wir mit den eigenen Resultaten nicht zufrieden sind. Und genau für diesen Bereich fangen wir an, unser Gedankenmanagement zu betreiben. Beim Thema Geld kannst du zum Beispiel anfangen, auf deine Gedanken zu achten, wenn du im Supermarkt einkaufst. Nach welchen Kriterien landen die Produkte im Einkaufswagen? Kaufst du, was gerade im Angebot ist? Was grundsätzlich das Billigste ist? Was das Teuerste ist? Was das Markenprodukt ist? Was die beste Qualität hat? Wonach entscheidest du? So wie wir in einem Bereich unseres Lebens entscheiden, entscheiden wir auch in den meisten anderen.

HANDLUNGSMANAGEMENT

Uns wurde beigebracht, dass mehr Handlung, mehr Tätigkeit immer besser sei. Songs wie *Work hard, play hard* (»Arbeite schwer, habe viel Spaß«) von David Guetta tragen sicher ihren Teil dazu bei. An dieser Stelle möchte ich dem gern widersprechen. Es geht nicht darum, viel zu machen, die ganze Zeit beschäftigt zu wirken. Es geht auch nicht darum, auf allen Hochzeiten gleichzeitig zu tanzen. Vielmehr geht es darum, Handlungen zu begehen, die aus der Fülle geschehen, statt aus dem Mangel. Viele Unternehmer sind auf allen Social-Media-Kanälen vertreten. Doch nicht, weil sie das wirklich wollen, sondern weil sie glauben, dass *man* das halt so macht. Geld folgt jedoch der Freude und nicht der Person, die sich am meisten Mühe gibt. Es ist absolut ratsam, vor jeder Handlung die eigene Intention zu checken. Warum tun wir bestimmte Dinge? Und warum tun wir bestimmte Dinge nicht?

SEI (NICHT) SPARSAM

»Geld sparen ist für mich der größte Unsinn, den es gibt.«

Jeanine Hurte

Mit sechs Jahren hatte ich bereits meine ersten großen finanziellen Ziele. Jeden Montag habe ich drei Mark Taschengeld erhalten. Meine Eltern haben mir erklärt, dass ich mit dem Geld machen könnte, was ich wollte. Ich dürfe ganz für mich entscheiden, ich könne das Geld in meinem Sparschwein sparen oder mir sofort etwas kaufen. Wie wohl die meisten Kinder in diesem Alter entschied ich mich fürs Ausgeben. Ich war gerade in der Phase, wo Stickeralben und komplette Kollektionen von Stickern einen enorm hohen Stellenwert für mich hatten. Daher konnte ich kaum abwarten, bis es wieder Montag war und ich in der Drogerie um die Ecke neue Sticker kaufen konnte. Auf dem Weg zur Drogerie gab es jedoch auch ein Reisebüro, und dieses hatte im Schaufenster einen wunderschönen großen Pappaufsteller von der New Yorker Freiheitsstatue. Und so sah ich jeden Montag nicht nur die neuen Sticker, sondern auch die Miss Liberty in New York.

Eines Tages sagte ich zu meiner Mutter, dass ich unbedingt nach New York reisen wollte. Ich wollte diese Statue unbedingt in natura sehen. Und meine Mutter sagte, dass das absolut möglich für mich sei. Ich solle einfach ins Reisebüro gehen und mich informieren, was so eine Reise kosten würde, damit ich das Geld dafür sparen könnte. Dies war die Standardantwort meiner Mutter. Wann immer ich etwas haben wollte, gab sie mir den Rat, dass alles möglich sei, ich mich jedoch selbst darum kümmern müsse. Wenn ich etwas von einer bestimmten Person wissen wollte, sollte ich hingehen und fragen. Und in diesem Fall sollte ich mich eben im Reisebüro informieren.

So fand ich mich also im Reisebüro wieder und ließ mir erklären, was eine Reise nach New York kostete. An genaue Details kann ich mich nicht mehr erinnern, jedoch an den Preis noch sehr gut – es waren 10.000 DM. Ich bin damals mit den Reisekatalogen nach Hause gegangen und habe mich hingesetzt und das Geld in meinem Sparschwein gezählt. Ich hatte ziemlich genau 18 Mark. Es fehlten also nur noch 9.982 Mark. Mit dem wöchentlichen Taschengeld von 3 Mark bräuchte ich nur 3327 Wochen, bis ich das Geld für eine New-York-Reise zusammenhätte.

In diesem Augenblick wurden mir unterschiedliche Dinge bewusst. Erstens hatte ich keine Vorstellung, was 3327 Wochen bedeutete beziehungsweise wie lange das wäre. Ich wusste nur, dass es mir zu lange war, denn ich wollte sofort nach New York und nicht erst, wenn ich alt wäre. Zweitens realisierte ich, dass Sparen nichts für mich war. Ich war kein Fan vom Warten. Drittens brauchte ich dringend eine Taschengelderhöhung.

Auch als Jugendliche hatte ich finanzielle Ziele – zum Beispiel ein Nokia 3210 für 250 DM, wenn ich mich richtig erinnere. Auf jeden Fall wesentlich mehr, als mein monatliches Taschengeld betragen hatte. Ich wusste sofort, dass ich eins wollte, als es auf den Markt kam. Auch damals sagten meine Eltern, dass wie immer alles möglich sei. Sie zeigten mir, was das Handy kostete, wie viel Taschengeld ich erhielt und dass ich mir das Handy sofort kaufen könnte, wenn ich das Geld zusammenhätte. Dieses Handy muss damals kurz vor der Weihnachtszeit auf den Markt gekommen sein, und so sagte ich all meinen Verwandten, dass ich zu Weihnachten und zu meinem Geburtstag (der Anfang Januar ist) nur Geld geschenkt haben wollte. Und so gelang es mir innerhalb weniger Monate, das Geld für das Nokia 3210 zusammenzubekommen und das Handy in meinen Händen zu halten.

Wenn ich meine Kindheit betrachte, kann ich mich nicht bewusst daran erinnern, jemals mein Geld gespart zu haben. Ich habe damals wie heute den Sinn im Sparen nicht gesehen. Ich habe jedoch einen Sinn darin gesehen, Geld zur Seite zu packen, wenn ich eine bestimmte Sache haben wollte. Sparen bedeutet für mich, das Geld einfach auf dem Konto zu bewahren, ohne einen Plan zu haben, was damit geschehen soll. Damals wie heute habe ich unbewusst die universellen Gesetze angewandt. Ich habe immer gesagt: Das Geld muss unter die Leute, was soll es denn bei mir im Sparschwein herumliegen! Das entspricht dem universellen Grundsatz: Alles ist Energie in Bewegung. Und zudem habe ich immer zu meiner Großmutter gesagt, die ein großer Fan des Sparens war: Was, wenn ich morgen sterbe und nicht mehr da bin? Da will ich wenigstens heute noch richtig gut leben! Und nach diesem Mantra verfahre ich noch heute. Ich bevorzuge es, im Jetzt zu leben statt eventuell in der Zukunft.

Der nächste entscheidende Augenblick in meinem Leben war, als ich das Buch von Bodo Schäfer las: *Die erste Million in 7 Jahren*. Wie der Titel bereits sagt, erklärt dieses

Buch, wie es möglich ist, eine Million zusammenzubekommen. Durch sehr viel sparen! Als ich das damals las, dachte ich, dass ich niemals Millionärin sein könnte, weil ich es auf keinem Fall durchhalten würde, sieben Jahre lang einer Sache nachzugehen, die mir keine Freude bereitet. Rein logisch konnte ich natürlich nachvollziehen, was es bringen sollte, keinen Kaffee mehr extern zu trinken oder nicht mehr essen zu gehen und das Geld stattdessen zu sparen. Doch aus emotionaler Herzsicht habe ich mich immer wieder gefragt, ob das der Sinn meines Lebens sein konnte – auf all die Dinge zu verzichten, die mir täglich Freude bereiteten, nur um in sieben Jahren eine Million auf dem Konto zu haben.

Damals bin ich zu dem Entschluss gekommen, dass ich nicht bereit war, diesen Preis zu zahlen. Es fühlte sich nicht stimmig an. Auch halfen mir unbewusst bereits die universellen Gesetze des Geldes. Denn ich fragte nach einer anderen, für mich leichteren, cooleren, vor allem schnelleren Art, an eine Million zu kommen. Und so lieferte mir das Universum eine Lösung. Denn mit jeder Frage, die wir stellen, müssen wir auch eine Antwort erhalten. So sagt es das Gesetz. Der wichtigste Teil der universellen Antwort, die ich erhalten habe, war, dass, wenn mir das klassische Sparen keine Freude bereitet, ich es auch nicht tun müsste. Das Geld könnte so viel schneller zu mir kommen, als ich es mir aktuell vorstellen konnte.

Bitte beachte: Das »Wie« ist nie deine Aufgabe! Das »Wie« bestimmt das Universum. Unsere Wünsche kommen immer auf dem für *uns* leichtesten und schnellsten Weg. Mein Weg wird nicht dein Weg sein. Vielmehr geht es darum, wieder Vertrauen zum eigenen Herzen und zur eigenen Intuition zu finden. Je mehr du darauf hören kannst, und zwar immer und überall, desto leichter und schneller bist du bei den Millionen angekommen. Das ist die Zauberformel.

Noch eine weitere entscheidende Geschichte zum Thema Sparen muss an dieser Stelle erzählt werden. In meinem Studium der internationalen BWL hatte ich ein Spieldepot, bevor ich ein richtiges Depot bei einer Bank eröffnete. Bei meinem Spieldepot konnte ich Aktien, Staatsanleihen und unterschiedliche Derivate kaufen. Dann konnte ich sehen, was in meinem Depot passierte, wenn ich 500 €, 1.000 €, 10.000 € oder 100.000 € investieren würde. Durch dieses Spiel ist mir schnell bewusst geworden, dass es Sinn ergibt, Geld zu sparen und zu sehen, wie es sich vermehrt, ohne dass man weiter etwas dafür tun muss. Investierte ich weniger als 100.000 € in meinem Spieldepot, fühlten sich die Zinserträge allerdings zu klein an und das Sparen schien mir keinen Sinn zu ergeben.

Angenommen mein Depot stieg um 3 Prozent, dann wären das bei 500 € gerade einmal ein Gewinn von 15 €. Bei 1.000 € wären es immerhin schon 30 €, bei 10.000 € wären es 300 € Gewinn und bei 100.000 € ganze 3.000 €. Als ich die Zahlen sah, wurde mir schnell bewusst, dass mich nur die 3.000 € motivieren würden. Die Erträge der kleineren Investments lösten keine Euphorie bei mir aus, sondern motivierten mich eher, mein Geld auszugeben und im Hier und Jetzt zu leben.

Ich lernte also eine Lektion: Es gefiel mir durchaus, Geld zu investieren und zu sparen. Aber nur, wenn es sich wirklich für mich lohnte! Und das geschah ab einem Betrag von 100.000 €.

Bereits in frühster Kindheit kam ich also zu einigen Erkenntnissen zum Thema Sparen, die sich folgendermaßen zusammenfassen lassen:

- Sparen ist nichts für mich, wenn ich kein finanzielles Ziel habe.
- Warum für die Zukunft sparen, wenn ich doch jetzt lebe?
- Sparen lohnt sich erst, wenn ich bereits »viel« (über 100.000 €) auf meinem Konto habe.
- Sparen bereitet mir keine Freude.
- Ich liebes es, Geld auszugeben für Dinge, die mich glücklich machen.

KONZENTRATION AUF DIE EINNAHMEN

In fast jedem Geldratgeber steht geschrieben, dass gespart werden muss, um ein Vermögen aufzubauen. Dieses veraltete Prinzip lernen wir bereits in der Schule, es ist gesellschaftlich akzeptiert und wird einfach so hingenommen.

Es wird geglaubt, dass dies der einzige Weg sei, um ein Vermögen zu erlangen.

Die Formel, um ein Vermögen aufzubauen, ist ganz allgemein folgende:

Für Unternehmer gilt:
Einnahmen – Ausgaben = Gewinn/Verlust

Für Angestellte gilt:
Gehalt – Kosten = positiver Kontostand/negativer Kontostand

Egal, ob man als Angestellter oder selbstständig arbeitet, es wird sich in dieser Formel immer auf den zweiten Teil konzentriert, also auf die Ausgaben beziehungsweise die Kosten. Es geht immer darum, die Kosten zu senken, die Ausgaben zu minimieren. Diese Sätze hören wir immer und immer wieder.

In meinen Augen ist das absolut verkehrt. Denn auf der Ausgaben- beziehungsweise Kostenseite sind wir begrenzt. Wir können weder die Kosten noch die Ausgaben unter 0 € senken. Ein Angestellter, der seine Kosten auf 0 € senken möchte, würde wohl ungefähr so leben: keine Wohnung, stattdessen ein Zelt in der Natur, keine Versicherung, kein Strom, keine Nahrung. Bei einem Unternehmen mit 0 € Kosten würde der Unternehmer alles allein machen, jede Rechnung selbst schreiben und verschicken und vermutlich auch seine Büroräume selbst reinigen. Er würde kaum noch zum Arbeiten kommen.

Natürlich sind die beiden Beispiele absolute Extreme. Was ich sagen möchte: Je mehr wir sparen, desto mehr kommen wir an den Punkt, an dem wir nicht mehr mit Leichtigkeit und Freude leben können. Für mich besteht der Lebenssinn nicht darin, so wenig Geld wie möglich auszugeben und alles allein machen zu müssen. Dies kann auf Dauer auch nicht funktionieren. Denke an das Gesetz des minimalen Aufwandes!

Direkt am Anfang meiner Unternehmerlaufbahn sah ich mir diese Vermögens-Formel an und kam ziemlich schnell zu dem Entschluss, dass es wesentlich mehr Sinn ergibt, sich auf die Einnahmenseite zu konzentrieren. Denn hier gibt es kein Limit. Egal, ob angestellt oder als Unternehmerin, wenn es um die Einnahmen geht, kann praktisch ohne Grenzen verdient werden. Ich habe nicht verstanden, warum die Geldratgeber es nicht so herum sehen. Für mich war schnell klar, wenn ich mehr als genügend Geld auf meinem Konto habe, dann muss ich mir keine Gedanken darüber machen, ob ich essen gehe oder mir mehrfach am Tag einen Kaffee hole. Wenn ich mehr als genügend Geld habe, muss ich mir keine Gedanken machen, ob ich bestimmte Tools für mein Unternehmen anschaffe oder nicht. Und der beste Gedanke für mich war: Wenn ich immer mehr als genügend Geld habe, muss ich nicht monatlich sparen, sondern kann mein Jahressparziel auf einmal in mein Depot überweisen und das Thema ist damit abgehakt. Mit diesem Ansatz habe ich es geschafft, einfach 100.000 € auf einmal zu investieren. Damit musste ich nicht weiter monatlich sparen, sondern konnte dieses unangenehme Thema auf einmal für mich klären.

Einige möchten an dieser Stelle wieder genau wissen, wie ich das getan habe. Die Antwort ist simpel und weiter oben schon beschrieben: Ich habe konkrete Impulse empfangen – zum Beispiel meine Preise zu erhöhen, neue Programme zu etablieren, zu bestimmten Orten zu gehen und Leuten von meinen Programmen zu erzählen. Wichtig ist an dieser Stelle, dass diese Dinge aus einem Impuls (Schritt 3 – Empfangen) entstehen. Viele Leute machen diese Schritte, weil sie hoffen, auf diese Weise mehr verdienen zu können. Die Absicht hinter beiden Sichtweisen ist jedoch komplett verschieden und sorgt deshalb auch für unterschiedliche Kontostände.

Für dich ist wichtig an dieser Stelle, die drei Schritte des Manifestierens zu erkennen und für dich zu nutzen. Ich selbst habe ganz klar gefragt: Wie kann ich sofort 100.000 € sparen beziehungsweise in mein Depot einzahlen? Im zweiten Schritt habe ich losgelassen, ich habe mir keinen weiteren Gedanken über das »Wie« gemacht. Drittens habe ich Impulse empfangen und gehandelt, auch wenn es sich unangenehm angefühlt hat. Impuls ist Impuls!

DEN GELDTRÜFFELSCHWEIN-STATUS ERLANGEN

Sich komplett nur auf die Einnahmen zu konzentrieren, verlangt eine neue Sichtweise aufs Unternehmertum.

Ich nenne diese veränderte Sichtweise: den Geldtrüffelschwein-Status. Eine enge Freundin sagte vor ein paar Monaten zu mir: »Jeanine, du bist ein Geldtrüffelschwein. Immer wenn du kommst, kommt auch das Geld.« Sie fand es beeindruckend, dass ich Unternehmen und Situationen zumeist in kürzester Zeit analysieren kann und direkt sehe, wo sich die Einkommensseite verbessern lässt. Quasi wie ein Trüffelschwein, nur kann ich keinen Trüffel riechen, sondern Geld und Geschäftsmöglichkeiten.

Zum einen glaube ich, dass es meine persönliche Gabe ist, immer, überall und auf dem leichtesten Weg Geldmöglichkeiten zu sehen. Zum anderen habe ich das Nachdenken über Geldangelegenheiten seit frühester Kindheit geübt. Und wann immer ich ein Ziel hatte, bin ich auf kreative Lösungswege gekommen, um dieses Ziel zu erreichen. Das steht sogar in meinem Zeugnis aus der vierten Klasse: »Jeanine findet stets kreative und neue Lösungswege.« Was damals eher nicht so positiv gemeint war, hat später dazu geführt, dass ich innerhalb kürzester Zeit ein Multimillionen-Unternehmen erschaffen konnte.

Ein wichtiger Trick, um den Geldtrüffelschwein-Status zu erlangen, ist es, Geld als etwas Positives anzusehen. Die meisten Menschen besitzen wenig Geld, weil sie glauben, dass Geld den Charakter verdirbt. Oder weil einem alles geklaut werden könnte oder Geld nicht wichtig sei. Geld ist allerdings neutral. Geld ist nur ein Papierschein mit einer Zahl drauf. Und wie groß oder wie wichtig dieser Schein ist, bestimmen wir immer selbst. Was Geld mit uns macht oder was besser gesagt wir mit dem Geld machen, bestimmen ebenfalls wir selbst. Meine Erfahrung hat mir gezeigt, dass Geld den Charakter verstärkt. Bist du ohne Geld ein schlechter Mensch, bist du auch mit Geld ein schlechter Mensch. Hast du ohne Geld dein Herz am rechten Fleck, hast du es mit Geld dort auch noch.

JETZT DEN KONTOSTAND ERHÖHEN!

ERKENNE DEINE FINANZIELLEN VERHALTENSMUSTER AN

Ich würde lügen, wenn ich behauptete, nicht schon immer finanzielle Ziele gehabt zu haben. Als ich angestellt war, wollte ich schnellstmöglich 100.000 € im Jahr verdienen. Als ich mein Business gestartet habe, wollte ich schnellstmöglich 1.000.000 € Jahresumsatz machen. Mich haben derartige Ziele schon immer motiviert. Manch einer mag jetzt denken, das wäre enorm oberflächlich. Aber es ging mir dabei ums Geld, und gleichzeitig ging es mir überhaupt nicht ums Geld. Vielmehr habe ich realisiert, dass mich große finanzielle Ziele enorm wachsen lassen. Es hat mich motiviert, zu sehen, welche Frau ich auf dem Weg zum Erreichen meiner Ziele werden kann. Es hat mich motiviert, zu sehen, was ich auf dem Weg zu meinem Ziel lernen kann und wen ich alles treffen darf, um mein Ziel zu erreichen.

Besonders meine erste große finanzielle Reise zu meiner ersten Million im ersten Jahr hat mich enorm wachsen lassen. Gleichzeitig hat sie viele Leichen, die ich zum Thema Geldverdienen im Keller versteckt hatte, zum Vorschein gebracht. Wenn ich ehrlich bin, wollte ich immer die erste Million, und das schnell. Doch als ich anfing, mehr Geld zu verdienen, änderte sich diese Sichtweise kurzfristig. Auf einmal dachte ich: Brauche ich überhaupt mehr Geld? Mir geht es doch schon wesentlich besser als vielen anderen. Geht es jetzt nur noch ums Geldverdienen bei mir? Und kann das alles wirklich so schnell und einfach gehen?

Vielleicht sind es bei dir nicht die gleichen Gedanken. Doch wann immer wir nicht das auf dem Konto haben, was wir gern dort hätten, entstehen in uns negative Gedanken zum Thema Geld, Geldverdienen oder Reichtum. Basierend auf dem universellen Gesetz der Anziehung ist es anders gar nicht möglich. Wir können nicht wirklich positiv über Geld denken und keins haben. Wir können auch nicht schlecht über Geld denken und zugleich längerfristig viel davon haben. Alles fällt und steht mit unseren Gedanken. Man könnte überspitzt sagen: Alles, was aus dem eigenen Mund in Form von Worten kommt, besitzen wir auch. Wir kreieren an erster Stelle immer mit unseren Gedanken und Worten und an zweiter Stelle mit unseren Taten. Daher ist Gedankenmanagement der wichtigste Teil beim Geldverdienen. Es ist ein Prozess, der komplett in unserem Inneren stattfindet und den niemand von außen sieht. Daher gehen die meisten Leute – fälschlicherweise – diesem Prozess nicht nach.

Meine negativen Geldgedanken haben dazu geführt, dass ich mir selbst nicht erlauben wollte, noch mehr zu verdienen.

Stattdessen gestand ich mir ein bisschen finanzielles Drama zu. Es war wie ein Wasserhahn, nur dass aus meinem kein Wasser kam, sondern Geld. Mal war der Hahn weit offen, mal lange verschlossen. Ich habe lange nicht begriffen, dass ich diesen Geldhahn über meine Geldgedanken und finanzielle Verhaltensmuster ganz einfach steuern kann.

FINANZIELLE VERHALTENSMUSTER, MIT DENEN MAN GARANTIERT PLEITE BLEIBT

Wenn wir nicht auf unsere Gedanken achten, was meistens der Fall ist, denken wir ziemlich viele interessante Dinge über Geld. Wir bewerten enorm viel. Grundsätzlich lässt sich sagen, wenn wir eine Sache oder eine Person abwerten, werten wir auch uns selbst ab. Dies besagt das Gesetz von Ursache und Wirkung. Wenn du negative Bewertung ins Feld reingibst, kannst du auch nur negative Bewertung zurückerfahren.

Ein typisches und nicht dienliches finanzielles Verhaltensmuster wäre zum Beispiel, sämtliche Dinge als »teuer« zu bewerten. Warum? Erstens ist das Wort »teuer« eine Bewertung. Ob etwas teuer oder billig ist, hängt immer von der Sichtweise des Betrachters ab. Eine Villa mit einem Verkaufswert von 5.000.000 € mag für die meisten Leute teuer erscheinen. Doch für jemanden, der bereits zahlreiche Immobilien im Wert von jeweils über 10.000.000 € hat, mag diese Villa ein echtes Schnäppchen sein. Ist die

Villa nun billig oder teuer? Du siehst also, es geht nie darum, ob etwas teuer oder günstig ist.

Vielmehr geht es um die vermeintliche Bewertung und Energie der Wörter. Jedes Mal, wenn wir irgendetwas als zu teuer bewerten, geht es unbewusst vor allem darum, dass wir nicht das Geld haben, um diese Sache zu kaufen. Wie gesagt: Mit jeder Bewertung wertet man sich selbst ab.

Ich möchte dich an dieser Stelle wirklich animieren, keine Bewertungen mehr in Bezug auf Geldthemen vorzunehmen. Alternative Formulierungen, zum Beispiel wenn im Supermarkt die Butter plötzlich »teuer« scheint, wären etwa die folgenden:

- Der Preis der Butter hat sich verändert.
- Die Butter kostet heute mehr als beim letzten Mal.
- Die Butter kostet heute 1.99 €.

Lies meine Beispielsätze einmal laut vor. Und jetzt sage noch einmal: Die Butter ist teuer und dann die drei anderen Sätze. Spüre in deinen Körper hinein und nimm wahr, wie sich die unterschiedlichen Sätze und Szenarien anhören. Während die neutralen Sätze den Raum größer werden lassen, lässt der Satz mit der Bewertung, dass die Butter teuer sei, den Raum kleiner und enger werden. So hat jedes Wort, das benutzt wird, eine bestimmte Energie. Diese kann dienlich oder undienlich sein, um ein Ziel zu erreichen. Für dich ist an dieser Stelle wichtig, dass du aufhörst, die Dinge als teuer oder billig zu bewerten. Diese

Zuschreibungen sind nicht förderlich, wenn du deinen Kontostand erhöhen willst.

Ein anderes typisches finanzielles Verhaltensmuster zahlreicher »armer« Leute ist es, Geld zu verstecken. Ich empfehle allen, einmal Kinder zu beobachten, wie sie mit Geld umgeben, je jünger, desto besser. Meine fünfjährige Nichte zum Beispiel flippt aus, wenn sie Geld sieht. Es gab Momente, in denen sie die Geldscheine und Münzen gegessen und uns ganz stolz erzählt hat, wie es schmeckt. Ihre Geldscheine sind ordentlich sortiert und liegen in ihrem Puppenhaus. Als ich sie nach dem Grund fragte, hat sie mir mitgeteilt, dass das Geld sie mag, und sie mag ihr Geld, und deshalb versteckt sie es nicht in ihrem Sparschwein. Ihre genauen Worte waren, dass sie eine »öffentliche« Beziehung mit Geld führt.

Tatsächlich habe ich dieses Prinzip anfangs für mich genutzt und angefangen, Geld offen in meiner Wohnung zu verteilen, damit ich es jeden Tag ganz bewusst sehe und wahrnehme. Anfangs waren es 5-Euro-Scheine, dann sind es 100-Euro-Scheine und am Ende sogar 500-Euro-Scheine gewesen. Sie lagen einfach rum, hingen am Kühlschrank oder am Badezimmerschrank. Als Besuch kam, habe ich die Scheine anfangs weggepackt, doch mit der Zeit habe ich das nicht mehr getan. Meine Sichtweise hatte sich verändert. Das Geld gehörte zu mir und war immer an meiner Seite. Warum es weiter verstecken?

Ich empfehle dir, diese Übung direkt umzusetzen und darauf zu achten, welche Gedanken in dir aufsteigen. Es werden Dinge sein wie: »O Gott, das kannst du doch nicht machen!« – »Was denken die Nachbarn, wenn sie das sehen?« – »Was für eine schwachsinnige Übung, das mache ich auf gar keinen Fall!«

Warum ist diese Übung so kraftvoll? Oft neigen wir dazu, Dinge zu verstecken, weil wir sie nicht sehen *wollen*. Lieber wegsehen als hingucken, das ist zumeist das Motto, unter dem wir kollektiv in Deutschland erzogen werden. Gerade bei uns sieht ein großer Teil der Gesellschaft Geld eher als etwas Schlechtes an und verhindert so den eigenen Wohlstand. Denn negative Gedanken über Geld können keinen Wohlstand anziehen, so besagen es die universellen Gesetze.

Es geht nun also darum, das Geld nicht länger zu verstecken, sondern es zu zeigen und ihm einen Platz zu geben, an dem es sich wohlfühlt. In der eigenen Wohnung kann ein kleiner Altar errichtet werden, und im Alltag sollte es in einem wundervollen Portemonnaie herumgetragen werden. Nimm einmal dein Portemonnaie zur Hand und stell dir die Frage: Wenn ich Geld wäre, würde ich mich in diesem Geldbeutel wohlfühlen und ausbreiten wollen? Deine ehrliche Antwort auf diese Frage wird darüber entscheiden, ob du jetzt einen neuen Geldbeutel benötigst oder nicht.

Ich selbst habe mir an dieser Stelle mein erstes Designerstück gegönnt. Es war ein traumhaftes Dior-Portemonnaie, denn ich liebe Dior. Vielleicht muss es für dich kein Designerportemonnaie sein, doch es sollte ein Portemonnaie sein, das du schön findest und gern anguckst. Anschließend räume dein Portemonnaie auf. So oft haben wir alte Kassenzettel und Müll im Geldbeutel, einfach Zeug, das nicht hineingehört. Warum ist das so wichtig? Stell dir vor, du und Geld seid in einer Beziehung – bist du gern in einer Beziehung, in der du schlecht behandelt wirst? Eine Beziehung, in der du in einer dreckigen Ecke abgestellt wirst? Unser Geld braucht einen schönen Platz, an dem es sich wohlfühlt und vermehren möchte.

WIE KANNST DU HERAUSFINDEN, WAS DU WIRKLICH ÜBER GELD DENKST?

Hole jetzt einen Zettel und einen Stift. Diese Übung funktioniert *nur* schriftlich. Du wirst im nächsten Schritt drei Sätze lesen, und es ist deine Aufgabe, diese Sätze intuitiv zu beenden. Denk nicht lange nach, schreib einfach auf, was dir als Erstes in den Kopf kommt. Bei dieser Übung geht es darum, absolut ehrlich zu sein, denn nur diese Ehrlichkeit wird zum finanziellen Erfolg führen. Niemand wird die Antworten sehen, doch die Antworten können dein Wegweiser in die finanzielle Freiheit sein.

Hier sind die drei Sätze:

Geld war ...
Geld ist ...
Geld wird ...

Diese Übung sieht so einfach aus, doch es steckt viel Tiefe darin. Wenn ich in meinen Coachings oder in persönlichen Gesprächen Frauen bitte, diese drei Sätze zu ergänzen, weiß ich innerhalb von Sekunden, wie es auf ihrem Bankkonto aussieht. Die Übung mag auf den ersten Blick oberflächlich scheinen. Doch mit den Antworten lässt sich schnell erkennen, wie die finanzielle Vergangenheit, Gegenwart und Zukunft einer Person war und sein wird. Die Übung lässt innerhalb von Sekunden erkennen, was im Unterbewusstsein zum Thema Geld gespeichert ist.

Viele Frauen, die aktuell nicht das auf dem Konto haben, was sie gern hätten, halten an negativen Bewertungen in Bezug auf das Geldthema fest. Ihre Antworten auf die drei Fragen könnten zum Beispiel so aussehen:

1. Geld war nie (genug) da. Geld war ein Beziehungskiller. Geld war Stress.
2. Geld ist nicht genug da. Geld ist furchtbar. Geld ist oberflächlich. Geld verdirbt den Charakter.
3. Geld wird nie da sein. Geld wird mich kleinhalten. Geld wird immer Probleme kreieren.

GELD UND WOHLSTAND ERLAUBEN

Gerade in Deutschland ist es noch immer gesellschaftlich akzeptiert, Geldprobleme zu haben, nicht genug Geld zu haben, schwer für Geld zu arbeiten oder sich ganz allgemein für Geld und Wohlstand zu schämen. Andererseits ist es vollkommen okay, sich von Gehalt zu Gehalt zu hangeln, Dinge auf Kredit zu kaufen oder sich zu verschulden. Wenn wir selbst derartige Geldprobleme haben, können wir mitreden, sind ein Teil der Gesellschaft und können uns gegenseitig bejammern. Du musst aus diesem gesellschaftlichen Jammerkonzert ums Geld aussteigen. Es ist der einzige Weg, um mehr Geld in dein Leben zu ziehen. Freude dich mit dem Gedanken an, dass du ab sofort nie wieder Geldprobleme haben wirst.

Viele Menschen haben Angst vor mehr Geld und Wohlstand, weil sie glauben, dass sie ein schlechter Mensch werden könnten und ihre eigenen Werte verraten müssen. An dieser Stelle möchte ich gern definieren, was für mich Geld und Wohlstand überhaupt sind. Geld bedeutet für mich Möglichkeiten und Freiheit. Es ermöglicht mir, alles zu haben und so zu leben, wie es meiner Seelenessenz entspricht. Geld macht weder glücklich noch unglücklich, doch es macht frei. Und meine eigene Freiheit ist mein persönliches höchstes Gut. Ich will frei sein. Ich will meine Zeit so einteilen, wie ich es will. Ich will einem Job nachgehen, der mich erfüllt und mir Freude bereitet. Ich will so viel Geld auf dem Konto haben, wie ich will. Ich will Geld für Dinge ausgeben, die mir Freude bereiten, egal ob Privatjet, Designerkleidung oder Spenden. Ich will einfach komplett frei in meinen Entscheidungen sein und nichts vom Geld abhängig machen müssen.

Reichtum und Wohlstand bedeuten für mich nicht eine bestimmte Summe auf dem Konto. Reichtum und Wohlstand sind für jeden Menschen absolut individuell. Ich bin für mich reich, wenn ich in der Lage bin, mir alles zu leisten, was ich für mein persönliches Leben brauche. Und das ist für jeden von uns etwas anderes. Ich liebe 5-Sterne-Hotels und Flüge im Privatjet, dafür gebe ich gern viel Geld aus. Autos oder Uhren hingeben bereiten mir keine große Freude, daher gebe ich weniger Geld aus. Um reich und glücklich zu sein, geht es immer darum, herauszufinden, was dir ganz individuell Freude bereitet und dich innerlich erfüllt.

Die Reise zu Reichtum und Glück ist immer auch eine Reise zu dir selbst, zu deinen eigenen Werten und deiner Seelenessenz. Auf dieser Reise gibt es kein Richtig oder Falsch – es gibt nur ein Passend oder Unpassend. Deshalb sei ehrlich zu dir und schreibe auf, wie dein Leben aussehen soll, ohne dabei Kompromisse einzugehen.

ICH BIN ZU EMOTIONAL

»Frauen sind nicht emotional, sondern zyklisch. Großer Unterschied.«

Jeanine Hurte

Seitdem ich ein Teenager bin, kann ich mich an einen Satz nur zu gut erinnern: »Du hast echt krasse Stimmungsschwankungen, Jeanine.« Egal, ob Freundinnen, Partner oder Arbeitskollegen, ständig wurde mir gesagt, ich sei zu emotional. Und wie mit allem im Leben, je öfter wir etwas von außen hören, desto mehr glauben wir irgendwann, dass es unsere eigene Wahrheit sei.

Ich dachte lange, mit mir sei etwas verkehrt. Ich habe mir nichts sehnlicher gewünscht, als »emotional stabil« zu sein – wie ein Mann. Diesen Satz habe ich genau so in einem meiner alten Tagebücher entdeckt. Ich dachte ernsthaft, wenn ich meine Gefühle »im Griff« hätte, dann würde mein Leben endlich in die Cinderella-Spur finden.

So kam es dazu, dass ich ein neues Lebensmotto für mich adoptiert habe, und das war: »Wer Gefühle zeigt, ist schwach.« Und wenn es eine Sache in meinem Leben gab, die ich auf gar keinen Fall sein wollte, dann war es schwach. Ich begann, immer weniger Gefühle zuzulassen und einen Eisberg um mein Herz zu bauen. Ich wollte mich – so meine Logik damals – selbst beschützen.

Natürlich war es wie immer im Leben (denn hier wirkt das Gesetz der Anziehung): Was wir zu unterdrücken versuchen, kommt stärker zu uns zurück. So auch meine Gefühle. Da ich das Thema aber unbedingt in den Griff bekommen wollte, machte ich mich auf den Weg, um alles darüber zu lernen. Mein Ziel war es, emotional stabil zu werden – und das Leben sagte: Nein, das wird so nichts! Es lehrte mich stattdessen das uralte Wissen über die Weiblichkeit und die Emotionen von Frauen. Statt ein kalter Eisberg zu werden, wurde ich weich, verletzlich und gefühlvoll. Das Verrückte an der Sache war, je mehr ich meine Weiblichkeit und meine Gefühle bewusst auslebte, desto höher wurde mein Kontostand.

WAS SIND EMOTIONEN?

Der Duden beschreibt das Wort Emotion wie folgt: *psychische Erregung, Gemütsbewegung; Gefühl, Gefühlsregung.* Im Wort *Emotion* steckt auch das englische Wort *motion* – Bewegung. Emotion ist also Energie in Bewegung. Ich persönlich bevorzuge das Wort *Gefühl.* Warum? Ganz klar, im Wort *Gefühl* steckt das Wort *fühlen.* Um überhaupt Gefühle oder Emotionen zu haben, müssen wir lernen, wieder zu fühlen, und zwar die gesamte Palette von Dankbarkeit und Wertschätzung über Freude bis hin zu Wut und Hass – ohne jede Bewertung, ob diese Gefühle nun gut oder schlecht sind. Emotion bedeutet Energie in Bewegung, es geht um bewusstes Fühlen und Wahrnehmen. Immer wenn wir bewusst etwas verändern wollen, braucht es genau zwei Dinge – ein neues Bewusstsein und Zeit, die wir uns für die Veränderung nehmen. Wir dürfen uns bewusst Zeit nehmen, um wieder fühlen zu lernen, und im nächsten Schritt fragen wir uns: Welche Gefühle fühle ich hier eigentlich gerade?

Was sich banal anhört, ist in der Praxis komplizierter als erwartet. Wie oft am Tag werden wir gefragt, wie es uns geht? Und wie oft antworten reflexhaft: Gut! Wir sollten einen kurzen Augenblick innehalten und in uns hineinhören, wie es uns gerade wirklich geht.

Uns wurde beigebracht, dass es das Ziel im Leben sei, immer nur glücklich zu sein. Den Rest der Gefühlspalette sollen wir vernachlässigen. Die meisten von uns funktionieren wie Roboter. Kaum jemand nimmt sich wirklich die Zeit und Ruhe, seine volle Gefühlspalette zu fühlen und zu leben.

Lass uns darüber sprechen, warum uns Frauen so oft gesagt wird, wir seien zu emotional, und warum Emotionalität in unserer aktuellen Gesellschaft als etwas Negatives angesehen wird.

WIE KANNST DU ZU EMOTIONAL SEIN?

Für mich begann die Reise bereits mit etwa 18 Jahren. Ich begriff, dass ich an manchen Tagen emotionaler war als an anderen. Damals dachte ich mir nichts dabei. Man hört es ja immer wieder in den Medien: Frauen haben Stimmungsschwankungen, können jederzeit explodieren, ihre Gefühle einfach nicht unter Kontrolle halten. Da ich das so oft gehört hatte, dachte ich, es müsste etwas dran sein. Ich habe ernsthaft geglaubt, ich bin eine tickende Zeitbombe im Hinblick auf meine Emotionen.

Heute kann ich nur darüber lachen, dass ich meine Gefühle ernsthaft für etwas Schlechtes gehalten habe. Hätte ich schon damals gewusst, dass sie mich zu meinen Multimillionen führen würden, halleluja, ich hätte sie verehrt wie Gott im Himmel.

Gerade als junge Frau dachte ich, dass mit mir etwas verkehrt sei, weil ich vorwiegend während der Pillenpause immer wieder unfassbar traurig oder depressiv war. Ich wusste nicht, was an diesen Tagen mit mir los war. Es war äußerlich nichts vorgefallen, doch in meinem Inneren war ich einfach so traurig, hatte in manchen Wochen auch Suizidgedanken.

Obwohl ich diese Gedanken nicht ernst nehmen konnte, wusste ich nicht, woher sie kamen. Ich nahm lediglich wahr, dass es Tage gab, da war ich voller Energie und Tatendrang, und an anderen Tagen lag ich depressiv im Bett und verstand die Welt nicht mehr. Ich hatte damals Angst, mit meiner Familie und meinen Freunden darüber zu sprechen, weil ich dachte, dass nur ich so fühlte und es schlimm wäre, solche Gefühle und Gedanken zu haben. Wenn es dir ähnlich geht oder ging, keine Sorge, es ist alles normal bei dir. Lass mich dir zeigen, wie ich die Sache gelöst habe.

Ich habe mit 15 Jahren angefangen, die Pille zu nehmen. Für mich war das damals die normalste Sache der Welt. Alle in meinem Umfeld haben die Pille genommen. Meine Frauenärztin hat mir die Pille verschrieben, und ich kann mich nicht erinnern, dass man mir jemals erklärt hätte, was für einen Chemiecocktail mein Körper und ich da verabreicht bekommen. Wie bei vielen Teenagern in dem Alter war auch meine Haut nicht die Beste, also hat man mir erzählt, dass ich mit Einnahme der Pille nicht nur mir etwas Gutes tue, sondern auch meiner Haut. Zusätzlich war mein Zyklus sehr lang und ich fand es ganz furchtbar, meine Tage zu haben. Ich kann mich an Unterhaltungen mit dem Universum erinnern, wo ich einfach nur geflucht habe, warum ich meine Tage bekomme, denn ich wollte doch aktuell ganz sicher kein Kind.

Nun ja, gegen den natürlichen Zyklus kann auch das Universum nichts machen. Es ist eben eine Tatsache, dass wir Frauen unsere Periode bekommen, ob wir wollen oder nicht. Im Alter von 15 bis 25 habe ich wahrscheinlich jede Pille ausprobiert, die es auf dem Markt gab, aber keine habe ich länger als 12 Monate vertragen. Am Anfang habe ich mich gefreut, dass ich einfach die Pille ohne Pause nehmen konnte und dadurch weniger meine Tage hatte. Mit 16 allerdings habe ich ein Austauschjahr in den USA verbracht und mit der Pille aufgehört. Obwohl ich sie damals gerade mal 12 Monate genommen hatte, habe ich einfach 10 Monate lang meine Periode nicht bekommen. Mit 18 Jahren habe ich wieder ein Jahr in den USA verbracht und wieder für diesen Zeitraum mit der Pille aufgehört. Das gleiche Resultat – meine Tage habe ich erst nach 10 Monaten bekommen. Von da an habe ich angefangen zu recherchieren und immer mehr junge Frauen kennengelernt, die keine Pille mehr nehmen wollten, weil sie gespürt haben, dass es ihnen nicht guttat.

In dieser Zeit habe ich realisiert, dass ich mich vorwiegend in der Pillenpause enorm depressiv und traurig gefühlt habe. Jedes Mal, wenn ich bei meiner Frauenärztin meine Gefühle und Symptome beschrieb, wurde mir wieder eine andere Pille verschrieben. Außerdem wurde mir gesagt, ich solle mich nicht so anstellen, so schlimm werde es schon nicht sein. Irgendwann habe ich zufällig – nichts im Leben passiert zufällig; hast du eine Frage, liefert das Universum die Antwort – in einer Zeitung einen Artikel darüber gelesen, dass bestimmte Pillen auch Depressionen hervorrufen können. In dem Artikel waren einige Marken aufgelistet und von den dreien, von denen im Artikel berichtet wurde, hatte ich alle in den vergangenen sechs Jahren genommen. Mir wurde sofort klar, dass ich die Pille absetzen musste, um herauszufinden, ob meine Traurigkeit mit dem Medikament zu tun hatte.

Nach etwa sechs Monaten ging es mir wesentlich besser. Meine Depressionen waren fast weg, nur eine Sache fehlte noch – meine Periode. Nachdem ich die Pille abgesetzt hatte, bekam ich fast 18 Monate lange meine Tage nicht. Ich hätte nie gedacht, dass das einmal passieren würde – doch in dieser Zeit habe ich mir nichts sehnlicher gewünscht als meine Periode. Ich suchte damals zahlreiche Frauenärzte auf, um mir Hilfe zu holen. Jedes Mal wurde ich abgewimmelt: »Seien Sie nicht so zimperlich!« – »Quatsch, das kann auf gar keinen Fall an der Pille liegen.« – »Die Pille hat doch nicht SOLCHE Auswirkungen!«

Ich habe keinerlei medizinische Ausbildung und kann nur für mich sprechen. Aber mir hat die Pille überhaupt nicht gutgetan. Für kein Geld der Welt würde ich dieses

Medikament meinem Körper noch einmal antun. Rückblickend finde ich interessant, dass es gesellschaftlich okay ist, dass eine junge Frau mit 14 Jahren die Pille einnimmt, ohne wirklich etwas über den weiblichen Körper und das weibliche Wesen zu wissen. Mir wurde ans Herz gelegt, mit der Pille zu starten – dann werde schon alles wieder gut! –, anstatt mich intensiv über den eigenen Körper zu informieren, wie er funktioniert und was er braucht. Erst in den vergangenen Jahren habe ich mich intensiv mit dem Thema Weiblichkeit und Zyklus auseinandergesetzt, so wie ich es mir eigentlich zu Schulzeiten von meinem Elternhaus oder den Medien gewünscht hätte. Da ich mir sicher bin, dass die wenigsten von euch das entsprechende Wissen bekommen haben, werde ich einen kleinen Überblick einfügen.

DIE BESONDERHEITEN IM WEIBLICHEN ZYKLUS

Immer wenn wir von etwas getrennt sind, können wir nicht die wahre Energie der Sache nutzen. So ist es auch mit dem weiblichen Zyklus. Wenn wir nicht wissen, welche Kräfte damit verbunden sind, können wir uns nicht bewusst mit ihnen verbinden. Es ist wie beim Rennfahren: Wenn wir nicht wissen, dass unser Auto einen Turboschalter hat, dann ist es sehr unwahrscheinlich, dass wir diesen Schalter während eines Rennens betätigen. Lass uns darüber sprechen, warum das Wissen über den Zyklus der Turbo für den eigenen Kontostand ist.

Wenn es um den Zyklus geht, sind alle Frauen mit dem Mond verbunden. Das bedeutet, dass bei den meisten Frauen ein Zyklus etwa 28 Tage dauert. So lange, wie eine Mondphase dauert. Und jetzt wird es interessant: Wir Frauen bluten alle sehr regelmäßig entsprechend der Mondphasen – wenn keine Hormone eingenommen werden. Deine Periode und die Periode der meisten Frauen fallen entweder auf die Tage rund um den Neumond oder den Vollmond. Wenn du mit deinen Freundinnen darüber sprichst, wann sie ihre Tage haben, wirst du merken, dass ihr fast alle zur gleichen Zeit eure Periode habt. Was für eine Verbundenheit zwischen uns Frauen auf der ganzen Welt! Wenn man das weiß, versteht man, was der Begriff *Sisterhood* – Schwesternschaft – wirklich bedeutet.

DIE VIER PHASEN IM WEIBLICHEN ZYKLUS

Wie genau können wir nun im Einklang mit dem Mond und dem Zyklus zu absoluten Geldmagneten werden? In jedem Zyklus durchlaufen wir vier Phasen. Diese Phasen sind absolut unterschiedlich, was unsere Hormone, unser Körpergewicht, die Vitaminkonzentration, den Herzschlag, den Umfang und die Gewebestruktur der Brüste, unser Konzentrationsvermögen, die Konsistenz des vaginalen Ausflusses und unsere Schmerzgrenze angeht.

Wow, das bedeutet also, wir Frauen sind nicht zickig, launisch oder emotional, sondern vielmehr zyklisch! Wenn noch einmal jemand zu dir sagt, dass du zickig seist, antworte ganz selbstbewusst: »Nein, ich bin ZYKLISCH.«

In jedem Zyklus durchlaufen wir vier unterschiedliche Phasen mit vier komplett unterschiedlichen Energien. Die Phasen sind wie die vier Jahreszeiten – Frühling, Sommer, Herbst und Winter. Lass uns jede Zyklusphase jetzt im Detail angucken, wobei die Phasen nicht starr sind oder so berechenbar, dass du einen Wecker danach stellen könntest. Es sind eher grobe Richtlinien.

FRÜHLING (1. ZYKLUSWOCHE)

Die Frühlingsphase beginnt wenige Tage nach der Periode. Zu empfehlen ist es immer, in den ersten zwei Tagen für Ruhe zu sorgen. Wir haben in dieser Phase wenig Energie, sie steht zudem für Ruhe und Sinnlichkeit. Ich schaue meistens, dass ich an diesen Tagen keine externen Termine habe und entspannt zu Hause arbeiten oder mich im Liegen entspannen kann. Mein Körper fordert hier aktiv Ruhe und Stille ein.

Ab dem dritten Tag im Zyklus wird die Energie kräftiger. In dieser Phase ist es hilfreich, strategische Dinge anzugehen, da unser klares Denkvermögen hier am besten funktioniert. Auch was Sport angeht, hast du hier die meiste Energie. Sport, der etwas »härter« ist, passt hier gut hin. In dieser Phase bist du nicht zeugungsfähig und gehörst gewissermaßen nur dir selbst. Du merkst es daran, dass die Energie nach außen gerichtet ist – du bist geselliger als sonst, dein Selbstvertrauen ist höher. Deine Entschlusskraft, dein Ehrgeiz und Konzentrationsvermögen sind auf dem Höchststand. Das ist eine Phase, in der wir energetisch gesehen mit Männern mithalten können. Ich bin kein Fan davon, genauso stark sein zu wollen wie ein Mann. Mir geht es lediglich darum, zu verdeutlichen, wie stark du in dieser Phase bist. Empfehlenswert ist es, in dieser Zeit neue Projekte zu starten.

Achte einmal darauf, wie du dich kleiden magst. Ich bevorzuge in dieser Phase besonders bunte, fröhliche und extravagante Kleidung. Ich nutze diese Phase in meinem Business bewusst, um die anstrengenden Dinge fertig zu bekommen, zum Beispiel Podcast-Folgen aufzunehmen, strategische Planungen und Verkaufsgespräche zu erledigen oder Social-Media-Beiträge vorzuschreiben.

SOMMER (2. ZYKLUSWOCHE)

In der Sommerphase richtet sich die Energie ebenfalls nach außen. Was bedeutet, dass wir gern unter Leuten sind. Der Unterschied zum Frühling ist, dass deine Energie dort zielgerichtet auf eine Sache war, während sich im Sommer deine Energie und Liebe auf alles zu beziehen scheint. Stelle es dir ähnlich wie in der Natur vor: Im Frühling fängt die Natur langsam an zu knospen, während im Sommer alles in voller Blüte steht.

Warum ist das so? In dieser Phase findet dein Eisprung statt. Aus natürlicher Sicht hat dies nur einen Zweck – das Ei soll befruchtet werden. Um die Chancen zu erhöhen, schickt dir diese Phase alle natürliche Schönheit, die in deinem Körper steckt. Vielleicht hast du es schon mal davon gehört oder es bemerkt, dass wir Frauen an bestimmten Tagen anziehender auf Männer wirken als an anderen. In der Sommerphase ist dies der Fall.

In der Sommerphase ist das Selbstvertrauen und Selbstwertgefühl besonders hoch. Aus der Businessperspektive betrachtet ist dies die Phase, in der wir gern anderen Menschen helfen und für sie da sind. Es ergibt Sinn, viele Meetings in diese Zeit zu legen.

Achte wieder darauf, wie du dich kleiden magst. Ich bevorzuge in dieser Phase besonders bunte und figurbetonte Kleidung, jedoch aus anderen Stoffen als in der Frühlingsphase. Die Sommerphase ist nicht so verspielt wie die Frühlingsphase.

HERBST (3. ZYKLUSWOCHE)

Auch die Herbstphase ähnlich der Natur. Alles bereitet sich langsam auf Rückzug vor. Unsere Energie wechselt von außen nach innen. Während du in den ersten beiden Phasen gern draußen und von anderen Menschen umgeben bist, startet jetzt die Veränderung. Unsere physische Stärke nimmt ab, weshalb es besser ist, eher Yoga und sanften Sport zu treiben als Krafttraining. Vielleicht brauchst du in dieser Phase mehr Schlaf als sonst. Auch dein Körper beginnt sich zu verändern – die Brüste werden größer, und der Bauch wird runder. Kein Sport der Welt kann dagegen anwirken. Akzeptiere einfach die körperliche Veränderung, sie ist ganz natürlich.

Ich bevorzuge es in dieser Phase, dunklere Kleidung zu tragen oder irgendwie magisch aussehenden Schmuck. Mein Interesse ist nun besonders groß für spirituelle und psychologische Themen. Im Herbst verändert sich auch langsam meine Gefühlswelt. Ich werde ruhiger und emotionaler, auch mein kreatives Denken und meine Intuition sind besonders stark. Für mich ist es wichtig, dass ich auf keinen Fall auf meine Entspannungsübungen wie Mediation und Massagen verzichte. Wenn ich meine Kreativität nicht auslebe oder nicht genug auf meine Erholung achte, dann kommt es in dieser Phase bei mir schnell zu Stimmungsschwankungen. Im Business kannst du grundsätzlich allen Tätigkeiten nachgehen, stelle dich aber darauf ein, dass sich alles etwas schwerer anfühlt. Ich bevorzuge es in diesen Zeiten, weniger externe Termine wahrnehmen zu müssen und viel Zeit für mich zu haben. Am liebsten bin ich in dieser Zeit im SPA.

WINTER (4. ZYKLUSWOCHE)

Die Winterphase stellt eine Phase des Rückzugs dar. Für uns bedeutet das, dass wir gern zu Hause sind, uns zurückziehen. Der Fokus unserer Energie wechselt endgültig von außen nach innen, wir spüren ein tiefes Bedürfnis nach Verlangsamung im Leben. Diese Phase endet mit dem ersten Tag deiner Periode. In der Winterphase ist es normal, dass deine Brüste und dein Bauch angeschwollen beziehungsweise größer sind als sonst. In dieser Zeit holt sich dein Körper genau, was er benötigt, wenn es um Lebensmittel geht. Es kann sein, dass du Appetit verspürst auf Dinge, auf die du sonst keine Lust hast. Meistens geht die Stimmung zu enorm gesunden Lebensmitteln und weg von Fast Food und fettigen Dingen. Es kann auch vorkommen, dass du in dieser Phase nur einen geringen Appetit hast. Es lohnt sich wie immer, deinen Körper einfach zu beobachten und wahrzunehmen. In der Winterphase ist es normal, besonders gefühlvoll zu sein. Es ist absolut NORMAL, in dieser Phase ohne Grund traurig zu sein, zu weinen, allein sein zu wollen oder einfach mit niemandem reden zu wollen. Ich muss mich an dieser Stelle outen, ich liebe es, in dieser Zeit schnulzige Filme zu schauen wie Rosamunde Pilcher oder Inga Lindström!

In dieser Phase bevorzuge ich es, im Liegen zu arbeiten, mit einer warmen Decke auf meinem Sofa. Ich bin sehr gern allein und enorm empfänglich für Energie. Es ist für mich eine ideale Phase, in der ich spirituellen Dingen nachgehe, wie Meditation und Kartenlegen. Klassische Business-Themen interessieren mich nur minimal.

JETZT DEN KONTOSTAND ERHÖHEN!

GELD FOLGT DER FREUDE

Wie genau können unsere Gefühle unseren Kontostand erhöhen? Gibt es da überhaupt einen Zusammenhang? Mit den Gefühlen ist es wie mit der Vergangenheit. Entweder du »besitzt« sie oder sie »besitzt« dich. Wenn wir unsere Gefühle nicht wahrnehmen, können wir nicht feststellen, wo uns die Angst »besitzt«. Wir realisieren nicht, dass wir uns einen nächsten Schritt aus Angst nicht trauen, stattdessen erfinden wir Ausreden: »Ich habe das Geld nicht!« – »Ich habe die Ausbildung dafür nicht!« – »Man hat das schon immer so gemacht!« – »Nein, so geht das nicht!«

In dem Buch *Gefühle sind zum Fühlen da* von Safi Nidiaye ist Folgendes über die Angst geschrieben: »Wenn Angst uns beherrscht, ist sie ein Tyrann, der unser ganzes Leben im Griff hat. Sie hindert uns daran zu tun, was wir eigentlich tun möchten, sie engt uns ein und schränkt unsere Freiheit ein. ›Eigentlich möchte ich jetzt vor Freude hüpfen, aber ich habe Angst, dass es lächerlich wirkt. Deshalb verkneife ich es mir.‹ Von Angst beherrscht, verbergen wir unser wahres Wesen hinter einer Maske.«

Heute weiß ich mehr denn je, dass auch ich ein Leben hinter einer Maske geführt habe. Mich klein gemacht und mein Licht ausgemacht habe, um anderen vermeintlich zu gefallen. Nur an eine Sache habe ich dabei nie gedacht: Wenn mein Licht aus ist, wird es dunkel, nicht nur im

Raum, sondern auch in meinem Herzen. Und das spürt und sieht auch mein Gegenüber. Geld jedoch folgt immer der Freude. Wenn wir Leute sehen, die wahre Freude an ihrem Job haben, fühlen wir uns automatisch zu ihnen hingezogen. Wir wollen Geschäfte mit ihnen machen. Wir Menschen lieben es, Leute lachen zu sehen. Freude hat eine enorm hohe Anziehungskraft. Ich stelle mir jeden Morgen nach dem Aufstehen die Frage: Was bereitet mir heute Freunde? Und danach lebe und handle ich.

Ich glaube, dass das Fühlen und Zeigen meiner vollen Gefühlspalette eine meiner wichtigsten Eigenschaften ist und mich unternehmerisch attraktiv macht. Gefühle und Emotionen wurden lange Zeit als etwas Negatives in unserer Gesellschaft abgestempelt. Logik und Verstand herrschten vor. Wenn wir unsere Gefühle zu unterdrücken versuchen, geht das jedoch nur bis zu einem bestimmten Punkt gut. Irgendwann fliegen uns unsere Emotionen um die Ohren. Ich habe den Eindruck, wir leben aktuell in einer Zeit, in der sich unsere Gesellschaft nach mehr Gefühl sehnt. Also trau dich, steht zu deinen Emotionen und erhöhe deinen Kontostand!

LEBEN MIT DEM ZYKLUS

Da ich als Frau ein zyklisches Wesen bin, bereiten mir in unterschiedlichen Zyklusphasen komplett unterschiedliche Dinge Freude. Ich habe nicht nur mein Business, sondern auch meinen kompletten privaten und beruflichen Terminkalender an meinen Zyklus angepasst. Das hat dafür gesorgt, dass ich über den gesamten Monat über meine Kraft verfügen kann. Auf dem Gesetz der Anziehung basierend muss es also sein, dass ich auch Geschäftspartner und Kunden anziehe, die bei voller Kraft sind oder zu ihrer Kraft kommen wollen. Diese Veränderung in meiner Bewusstheit hat dazu geführt, dass alle meine Beziehungen ein komplett neues positives Level erreicht haben. Wenn ich nach der Freude lebe, kommt das Geld kontinuierlich und in großen Mengen auf mein Konto. Der Schlüssel liegt darin, die eigenen Gefühle zuzulassen, zu leben und wahrzunehmen. Es hört sich so banal und einfach an. Und was soll ich sagen! Ja, Geldverdienen ist banal und einfach. Die meisten Leute glauben nur, es wäre schwer und kompliziert.

ICH BIN ES NICHT WERT

»Du darfst und kannst wirklich ALLES, was du willst.«

JEANINE HURTE

Schon während des Studiums habe ich Kurse geliebt, in denen ich kreativ sein konnte. Marketing und Strategie zum Beispiel – Kurse wie Controlling und Banking haben mich eher gelangweilt. Dennoch habe ich im Bachelor meine Spezialisierung im Controlling gewählt und sogar noch einen Master in International Business mit dem Schwerpunkt Controlling gemacht. Warum habe ich mich damals gegen mein Herz und für meinen Verstand entschieden?

Ganz einfach: Ich wollte nach meinem Studium schnellstmöglich viel Geld verdienen. Und ich müsste lügen, würde ich behaupten, dass es auch nur einen einzigen anderen Grund gegeben hätte, warum ich in der Unternehmensberatung und im Investment Banking gearbeitet habe. Im Studium haben wir regelmäßig Grafiken gesehen, auf denen die Jobs eingezeichnet waren, in denen man am besten verdienen konnte. Diese Grafiken haben auch die Einstiegsgehälter in den jeweiligen Jobs gezeigt. Und so wurde mein Einstiegsgehalt indirekt durch diese Grafiken im Studium bestimmt. So zumindest habe ich das damals geglaubt. Ich dachte, es wäre nur möglich, 60.000 € Einstiegsgehalt zu verdienen beziehungsweise ein sechsstelliges Jahresgehalt. Ich habe es damals nicht einmal ansatzweise in Betracht gezogen, dass ich auch mehrere Millionen im Jahr verdienen könnte.

Auf der nächsten Station meiner beruflichen Laufbahn war ich angestellt für etwas mehr als fünf Jahre. Dabei führte ich mehrere Gehaltsverhandlungen. Bei meiner ersten Festanstellung wurde mir erklärt, dass alle Hochschulabsolventen das gleiche verdienen, der einzige Unterschied liege darin, ob jemand einen Bachelor oder Master habe. In meinen Augen wurde von meinem damaligen Arbeitgeber hier enorm transparent vorgegangen. Vielleicht lag es daran, dass ich in Luxemburg angestellt wurde und diese Offenheit dort normal ist.

Danach bin ich nach Deutschland zurückgekehrt. Vor dem Bewerbungsgespräch versuchte ich herauszufinden, was die Gehaltsspanne auf meiner neuen Position wäre – leider vergeblich. Und so saß ich in meinem Bewerbungsgespräch, und es kam zur Lieblingsfrage aller Fragen: »Frau Hurte, was sind denn Ihre Gehaltsvorstellungen?« Ich hatte großzügig auf mein Luxemburger Gehalt noch etwas draufgetan, woraufhin mein zukünftiger Chef nur sagte: »Frau Hurte, das ist etwas zu viel auf Ihrer Position.« Er machte mir ein Gegenangebot und fügte hinzu, dass es ein wirklich tolles Gehalt sei, das wirklich über dem Durchschnitt liege.

Ich vertraute meinem Chef und nahm das Angebot an. Auch wenn in Deutschland nun das unausgesprochene Gesetz galt, dass man über Gehälter im eigenen Team nicht sprechen sollte, hielt ich mich nicht daran. Nicht nur als Kind habe ich die ganze Zeit über Geld gesprochen, sondern auch in meiner Zeit als Angestellte. Ich fand heraus, dass ich in meinem Team und auf meiner Position am schlechtesten verdiente und kam mir ehrlich gesagt ein wenig verarscht vor. Gleichzeitig war es einer dieser Momente in meinem Leben, die alles veränderten. Ich schwor mir, nie wieder am schlechtesten zu verdienen, ganz im Gegenteil wollte ich zukünftig die Top-Verdienerin sein. Das habe ich bis heute durchgezogen.

Auch insofern war dieser Moment ein Schlüsselmoment für mich, als dass er mich erkennen ließ, wie jemand von außen, in diesem Fall mein Chef, meinen finanziellen Wert bestimmen konnte. Auch das wollte ich mir in Zukunft nicht mehr gefallen lassen.

Den nächsten großen Schlüsselmoment meiner finanziellen Laufbahn erlebte ich im ersten Jahr meiner Selbstständigkeit als Business Mentorin. In dieser Funktion zeige ich allen Unternehmerinnen, wie sie ihr Business auf Millionen- und Multimillionen-Track bringen können. Ich wusste damals überhaupt nicht, wie ich ein reines Onlinebusiness aufbauen sollte, ich wusste nicht, worauf es beim Online-Marketing wirklich ankam, und so holte ich mir Hilfe. Dachte ich zumindest. Ich hatte zu diesem Zeitpunkt entschieden, dass ich Einzelcoachings für 3.000 € anbieten wollte. Also tat ich das auch. Die Online-Marketing-Experten erklärten mir jedoch, dass ich auf jeden Fall noch andere Angebote bräuchte, sonst könnte ich die breite Masse gar nicht erreichen. Ich müsste unbedingt ein sogenanntes Tripwire Produkt anbieten, das maximal 100 € kosten dürfte – weil man das halt in der Szene so macht.

Ein Tripwire Produkt ist ein enorm günstiges Produkt, das den Kunden zu einer schnellen ersten Kaufentscheidung bringen soll. Im Anschluss werden dem Kunden dann immer weitere und teurere Produkte verkauft. Und so kreierte ich für 39 € (ja, der Preis stimmt!) buchbare Webinare. Ich habe diesen sogenannten Funnelprozess des Online-Marketings grundsätzlich immer verstanden, jedoch hat alles in mir Nein geschrien. Warum? Ich habe lange überlegt, was ich für einen so geringen Preis anbieten könnte, und bin immer wieder zu dem Entschluss gekommen: nichts. Alle meine Programme waren so viel mehr wert. Und sind es noch immer.

Trotzdem setzte ich also um, was meine Trainer mir empfahlen. Und wie immer im Leben, wenn wir nicht auf unser Herz hören, macht es sich nur noch lauter bemerkbar, damit wir eine Lektion lernen. Und so habe ich mich »erdreistet« und die Preise des Webinars von 39 € auf 49 € erhöht. Es war das erste Mal in meiner beruflichen Laufbahn, dass ich enorm viele negative Kommentare und E-Mails in kurzer Zeit erhielt. Ehrlich gesagt verstand ich die Welt nicht mehr, denn mein Herz wollte eigentlich, dass ich den Preis auf mindestens 490 € erhöhe!

Warum war diese 10 €-Preiserhöhung jetzt ein Schlüsselmoment für mich? Weil ich mir in diesem Augenblick geschworen habe, nie wieder etwas so Günstiges anzubieten und von Vornherein immer auf mein Herz zu hören, wenn es um die Preise meiner Programme geht.

Im Studium lernte ich, dass mein finanzieller Wert durch meine Ausbildung und meine spätere Spezialisierung bestimmt würde. Im Angestelltenverhältnis lernte ich, dass der Arbeitgeber meinen finanziellen Wert bestimmt.

Und zu Beginn meiner Selbstständigkeit lernte ich, dass ich meine Preise (meinen finanziellen Wert) so setzen sollte, wie man das üblicherweise in der Branche macht. Immer dachte ich, dass mein finanzieller Wert durch andere von außen bestimmt wird. Andere können jedoch niemals unseren finanziellen Wert bestimmen. Dies wird nur möglich, wenn wir es wider besseres Wissen mit uns machen lassen. Das Überwinden dieser Lügen führte dazu, dass ich heute Programme zwischen 10.000 € und 250.000 € verkaufe. Und warum? Weil es der Wert ist, den ich selbst dafür bestimme. Und ich habe mehr als genug Kunden für all meine Programme. Ich bin permanent ausgebucht.

WIE BESTIMME ICH MEINEN EIGENEN WERT ALS UNTERNEHMERIN?

Die erste wichtige Lektion, die es zu lernen gibt: Preise sind eine ausgedachte Sache. Es gibt keine Gesetze oder Richtlinien, wieviel ein Apfel, ein Coaching oder ein Auto kosten dürfen. Wie setzt sich also der Preis für ein Produkt zusammen?

Produktionskosten + Gewinnmarge (ausgedacht) = Preis

Zuerst musst du also deine eigenen Kosten kennen und dir dann die Frage stellen, wie viel du wirklich verdienen willst. Das ist die Gewinnmarge – sie ist fiktiv und kann zu jedem

Zeitpunkt vom Verkäufer frei gewählt werden. Hört sich zu gut an, um wahr zu sein? Nehmen wir folgendes Beispiel: Eine Leggings hat Produktionskosten zwischen 3 und 300 €. Einmal wird sie bei H&M für 9,99 € verkauft und einmal bei Chanel für 2.000 €. Wir könnten an dieser Stelle auch über Fiat und Porsche oder Einraumwohnungen und Villen reden. In diesen Fällen haben die Luxusprodukte höhere Herstellungskosten, die jedoch nicht ansatzweise so hoch sind, dass sie den Luxuspreis rechtfertigen würden. Der Hersteller sagt einfach: Das ist mein Produkt, und wenn du es haben willst, dann wird der genannte Preis fällig.

Die wichtigste Frage bleibt also: Was willst du wirklich im Monat verdienen? Was ist deine Gewinnmarge? Die meisten Leute machen es in meinen Augen verkehrt und gehen umgekehrt an die Sache heran. Sie fragen sich: Was wären andere bereit für meine Produkte zu zahlen? Oder eine andere Frage, die ich mittlerweile absolut verteufele: Was ist am Markt üblich für solche Produkte? Und dann wird sich schön am unteren Preislimit orientiert …

WAS WILL ICH MONATLICH/JÄHRLICH VERDIENEN?

Bei dieser Frage gibt es kein Richtig und kein Falsch, es gibt nur dein Gefühl. Dein Gefühl sagt dir, ob der monatliche Wert richtig oder falsch ist. Hier ein paar Möglichkeiten, um herauszufinden, ob du wirklich ehrlich zu dir selbst bist:

1. Bestimme den monatlichen Verdienst, den du haben willst.
2. Mache die Augen zu, lege eine Hand aufs Herz und stelle dir die Frage: »Will mein Kleines-Ich oder mein Großes-Ich diese Summe verdienen?«
3. Wenn die Antwort lautet, dass dein Großes-Ich die Summe bestimmt hat, dann hast du die richtige Zahl eingesetzt.
4. Wenn die Antwort lautet, dass dein Kleines-Ich die Summe bestimmt hat, dann stell dir die Frage: Was will mein Großes-Ich verdienen?

Diese Übung ist eine meiner Lieblingsübungen, um herauszufinden, ob ich ehrlich zu mir bin oder in meiner Komfortzone verharre und mich weiter kleinhalte.

Definition: Das *Kleine*-**Ich** ist der Anteil, der uns klein, sicher und beschützt halten will. Die Aufgabe vom Kleinen-Ich ist es, uns zu beschützen. Wann sind wir beschützt? Gerade jetzt. Wie können wir beschützt bleiben? Indem wir auf keinen Fall etwas anders machen und alles schön beim Alten belassen. Unser Kleines-Ich lässt uns brav in der Komfortzone bleiben. Hören wir auf das Kleine-Ich, kann es kein Wachstum in unserem Leben geben.

Definition: Das *Große*-**Ich** ist der Anteil in uns, der genau weiß, was wir in Wahrheit wollen. Das Große-Ich weiß, wie und wo wir leben wollen. Es geht grundsätzlich keine schlechten Kompromisse ein. Es sorgt mit seinen Entscheidungen für absolutes Bauchkribbeln. Das Große-Ich will uns zeigen, wozu wir wirklich fähig sind und welches Potenzial in uns steckt.

Es geht also darum, herauszufinden, welchen Preis wir wirklich für unsere Produkte und Dienstleistungen haben wollen. Es geht nicht darum, den Preis zu nehmen, der am Markt gerade üblich ist. Es geht nicht darum, mit unseren Preisen anderen Leute zu gefallen oder zu glauben, dass wir nur mit einem enorm günstigen Preis anderen Leuten helfen können. Es geht einzig und allein darum, den Preis zu nehmen, der uns wirklich glücklich macht und erfüllt. Und hier gibt es keine Grenzen.

WIE BESTIMME ICH MEINEN EIGENEN WERT ALS ANGESTELLTE?

Bei einem Vollzeitjob verbringen wir im Durchschnitt circa 260 Tage des Jahres auf der Arbeit. Im Durchschnitt muss ein deutscher Bürger 45 Jahre in die Rentenversicherung eingezahlt haben, um einen vollen Rentenanspruch zu erhalten. Das bedeutet, dass ein Angestellter 260 Tage im Jahr * 45 Jahre = 11.700 Tage seines Lebens auf der Arbeit verbringt.

260 Arbeitstage pro Jahr * 45 Arbeitsjahre für vollen Rentenanspruch = 11.700 Arbeitstage pro Lebenszeit

Die Lebenserwartung einer Frau in Deutschland beträgt mittlerweile 81 Jahre, das sind 29.565 Tage. Demzufolge verbringt eine angestellte Person mehr als ein Drittel ihrer Lebenszeit mit ihrem Job. Macht es da nicht Sinn, einen Job zu wählen, der einen erfüllt und morgens voller Vorfreude auf den Tag aufstehen lässt?

Die meisten Menschen sagen an dieser Stelle: Ja, es macht absolut Sinn! Dennoch entscheiden sie sich entgegen dieser Logik und gegen ihr Herz. Vielmehr wird ein Job nach dem besten Gehalt ausgesucht. Unser Gehalt nennen wir »Schmerzensgeld«, sprechen grundsätzlich nur vom »leidigen Geld« – kein Wunder, dass es da gesellschaftlich akzeptiert ist, wenn der Job nur minimalen oder gar keinen Spaß macht. Doch nur weil sich alle anderen dazu entscheiden, einem Job nachzugehen, der nicht erfüllend ist und lediglich die Rechnungen bezahlt, sollten wir selbst noch lange nicht nach diesem Standard leben.

Unser Lebenssinn besteht nicht darin, so viele schmerzhafte Erfahrungen wie möglich zu sammeln – auch wenn es dafür genügend Vorbilder gibt. Für mich besteht unser Lebenssinn darin, so viel Spaß und Freude wie nur möglich zu haben. Was, wenn unser Leben doch ein Ponyhof ist, wir das immer schon wussten und es nur kurz vergessen haben? Was, wenn jetzt der Augenblick gekommen ist, an dem du dich ganz bewusst entscheiden kannst, dass dein Leben *sehr wohl* ein Ponyhof ist und du entsprechend leben möchtest? Was, wenn Glück und Freude an erster Stelle stehen?

WAS IST DER TRAUMJOB?

Auch als ich im Investmentbanking gearbeitet habe, gab es einen meiner großen Schlüsselmomente. Ich habe viel Zeit mit sogenannten IPOs (Initial Public Offerings) verbracht. Bei einem IPO geht ein Unternehmen zum ersten Mal an die Börse. Viele Firmen, die mein Unternehmen betreut hat, waren in den USA tätig, und durch die Zeitverschiebung kam es zu enorm vielen Nachtschichten gerade in den Wochen vor dem Börsengang. Eines Abends gegen 21.00 Uhr saß ich im Büro und wartete auf die Unternehmenszahlen aus den USA. Ich schaute aus dem Fenster, sah den wunderschönen roten Sonnenuntergang und dachte, wie gern wäre ich jetzt draußen an der Spree mit meinen Freunden und würde ein Feierabendbier trinken. Es war das erste Mal in meinem Leben, dass ich mir ein paar existenzielle Fragen gestellt habe:

1. Was mache ich hier eigentlich?
2. Mache ich diesen/diese Job/Tätigkeiten jetzt bis zur Rente?
3. Welchen Mehrwert stifte ich mit meinem Job für die Gesellschaft?

Meine Antworten auf die oben genannten Fragen waren die folgenden:

1. Quartals- und Jahresabschlüsse erstellen, damit Investoren korrekte und ehrliche Zahlen haben.

2. Den genauen Wortlaut möchte ich an dieser Stelle nicht wiedergeben, es wäre wohl nicht angemessen. In Kurzform: Auf keinen Fall.
3. Meine innere Stimme sagte: »Keinen.«

So saß ich an diesem wundervollen Sommerabend im Büro und kam zu dem Entschluss, dass ich nichts anderes war als eine Prostituierte. Ich verkaufte nicht meinen Körper gegen Sex, aber meine Lebenszeit, und die war das Wichtigste, was ich besaß. Zudem verkaufte ich mich für einen Job, der mich nicht erfüllte und mich wenig dazu motivierte, morgens aufzustehen.

Ich will möchte nicht sagen, dass mein Job per se sinnlos war. Er hat mich lediglich nicht inspiriert. Wenn ich mich gefragt habe: Warum bin ich hier?, dann war für mich die Antwort nicht befriedigend: Weil die Investoren in den USA gute und ehrliche Jahresabschlüsse haben sollen. Aber nur weil es nicht mein persönliches Warum war, ist noch lange nicht gesagt, dass es nicht das Warum von jemand anderem sein konnte.

Was definiert für mich jetzt einen Traumjob? Hier gibt es ein paar persönliche Kriterien:

- Er fühlt sich nicht wie Arbeit an.
- Er macht so viel Spaß, dass man dieser Tätigkeit sogar kostenlos nachgehen würde. (Kein Sorge – das sollst du nicht!)

- Man wir am Montagmorgen wach und freut sich auf die Arbeit.
- Man weiß, warum man dieser Tätigkeit nachgeht (vom Geld abgesehen).
- Der Job verursacht ein Bauchkribbeln und ein Gefühl von Aufgeregtheit.

WIE FINDEST DU DEINEN TRAUMJOB?

In den meisten Fällen finden nicht wir unser Traumjob, sondern unsere Berufung findet uns. Im Wort BeRUFung steckt das Wort »rufen«. Diese Berufung braucht viel Hingabe, Widmung und Energie. Sind wir noch nicht bereit, werden wir vom Leben auch nicht gerufen. Da die meisten Leute eine Veränderung eher aus einem schmerzhaften Moment heraus angehen als aus einer grundsätzlichen Inspiration heraus, hören wir unsere Berufung zumeist erst nach einem Tiefpunkt im Leben.

Was meine ich genau damit? Eine Person möchte schon lange mit dem Rauchen aufhören. Sie weiß, wie ungesund und schädlich die Angewohnheit ist. Sie ist sogar genervt vom Gestank der Zigarette und den Kosten des Tabaks. Sie versucht immer mal wieder aufzuhören, fängt jedoch nach wenigen Wochen grundsätzlich wieder an. Sie erzählt sich, dass sie, wenn sie wollte, jederzeit aufhören könnte. Dann bekommt diese Person die Diagnose – Lungenkrebs. Und plötzlich hat sie von heute auf morgen die Kraft und Energie, mit dem Rauchen aufzuhören.

Dies ist ein klassisches Beispiel, das uns zeigt, dass wir durch schmerzhafte Erfahrungen in der Lage sind, Bäume zu versetzen, die wir sonst nicht versetzen würden.

Wie würde ich nach meinem Traumjob suchen, wenn ich wirklich unzufrieden in meinem Job wäre? Ich würde anfangen, mir eine Liste zu erstellen mit Dingen, von denen ich weiß, dass sie mir wichtig sind. Unser Gehirn ist so konditioniert, dass wir meistens genau wissen, was uns stört, nervt oder keine Freude bereitet. Was uns jedoch Freude bereitet, wissen wir meistens nicht. Wie kann diese Programmierung genutzt werden? Mit einem Art-Vokabelheft-Design! In der linken Spalte werden all die Dinge eingetragen, die dich aktuell nerven. In der rechten Spalte stellst du dir die Frage: Wenn alles möglich ist, wie will ich es dann haben?

Ich habe die Tabelle mit ein paar fiktiven Beispielen ausgefüllt.

MEIN TRAUMJOB

Negativ	Positiv
Ich muss morgens um 8.00 Uhr im Büro sein.	Ich will meinen Tag flexibel einteilen können.
Ich habe ein festes Gehalt.	Ich will unlimitiert verdienen.
Ich muss 8 Stunden am Tag arbeiten.	Ich will max. 4 Stunden am Tag arbeiten, bei gleichem Gehalt.

Eine weit verbreitete Definition von Traumjob ist, dass man besagte Arbeit auch unbezahlt erledigen würden, weil sie so viel Freude bereitet. Freude hat man vor allem an einer Arbeit, die den eigenen Stärken entspricht. Da die meisten Menschen jedoch dahingehend konditioniert worden sind, dass die eigenen Stärken nicht so wichtig seien, es im Leben vielmehr darum gehe, die Schwächen zu den Stärken zu machen, wissen wir oft gar nicht, was unsere eigenen Stärken sind. Wir haben ihnen ganz einfach zu wenig Aufmerksamkeit geschenkt. Um herauszufinden, was mir wirklich Spaß macht und was meine Stärken sind, habe ich zahlreiche Tests gemacht. Die folgenden drei Tests kann ich an dieser Stelle von Herzen empfehlen:

1. Gallup Stärkenfinder-Test (hier reicht die Version mit deinen 5 Top-Stärken) (https://store.gallup.com/p/en-us/10108/top-5-cliftonstrengths)
2. Ennegream Personality-Test (kostenlos, nur auf Englisch) (https://www.truity.com/test/enneagram-personality-test)
3. 16 Personalities-Test (kostenlos, auch auf Deutsch) https://www.16personalities.com/de

Warum waren diese Tests so hilfreich für mich? Ich hatte zu Anfang ein grobes Gefühl, was meine Stärken sein könnten. Je mehr ich mich jedoch mit der Frage auseinandersetzte, wer ich wirklich bin, desto klarer wurde mir, was ich im Leben erreichen wollte. So kam ich zum Beispiel zu der Erkenntnis, dass ich unbedingt meine eigene Chefin sein wollte, da ich mich nicht besonders gut unterordnen kann und permanent kreative Ideen habe.

Manchmal sehen wir den Wald vor Bäumen nicht. Unsere eigenen Stärken und Fähigkeiten sind uns womöglich gar nicht bewusst, da wir sie täglich mit so viel Selbstverständlichkeit und Leichtigkeit anwenden. Auf der Suche nach meinem eigenen Warum habe ich überlegt, bei welchen Themen ich schon öfter um Hilfe gefragt worden bin. Zusätzlich habe ich meine engsten Freunde gefragt, bei welchen Themen sie mich um Hilfe bitten würden. Auch diese Übung fühlt sich zunächst etwas komisch an, ist jedoch Gold wert! Man erfährt auf diese Art, welche persönlichen Stärken man anderen vielleicht anbieten kann.

WARUM MACHT DER EIGENE TRAUMJOB REICH?

Als Chefin nehme ich selbstverständlich wahr, ob meine Mitarbeiter motiviert zu ihrem Job erschienen sind. Unmotivierte Mitarbeiter machen Dienst nach Vorschrift, machen genau, was ihnen gesagt wird, aber denken wenig selbst mit. Sie bringen keine eigenen Ideen ein, ihnen ist egal, ob die Firma Umsatz generiert oder nicht. Viele Angestellte verstehen nicht, dass es keine Gehaltserhöhungen oder Boni geben kann, wenn eine Firma keinen Extraumsatz generiert. Wenn die Mitarbeiter jedoch anfangen, unternehmerisch zu denken und Umsatz für ihre Firma generieren, dann ist Geld vorhanden, dass an die Angestellten ausgeschüttet werden kann. Aus eigener Erfahrung kann ich sagen, welchen Mitarbeitern ich gern und aus voller Überzeugung Boni gezahlt habe und welchen nicht. Es waren die, die mit Freude bei der Sache waren.

Gehen wir unserem Traumjob im Angestelltenverhältnis nach und arbeiten mit höchster Energie und Motivation, dann heben wir uns von der breiten Masse ab. Fangen wir dann auch noch an, unternehmerisch zu denken, wird es kaum einen Chef da draußen geben, der einer Gehaltserhöhung entgegensteht. Ich kann mich noch erinnern, dass ich immer gut vorbereitet war, wenn ich zu meinen Jahresendgesprächen gegangen bin. Es sollte auch um meine Boni gehen, deshalb habe ich vorab immer geschaut, wie viel Umsatz ich für meine Firma generiert hatte. So habe ich es meinem Chef leicht gemacht, mich mit anderen zu vergleichen – ich konnte immer auf meinen Umsatz hinweisen. Falls du dich nicht von der Masse abhebst, stell dir die Frage: Geht du gerade wirklich deinem Traumjob nach?

JETZT DEN KONTOSTAND ERHÖHEN!

Der Weg zur Erkenntnis des eigenen Wertes ist eine tiefe Reise zu jedem selbst. Man erfährt, wer man wirklich ist und was man vom Leben will. Auf der Reise zum eigenen Selbstwert, zu dem Wert, den du dir selbst gibst, geht es auch darum, den eigenen Kontostand mit Spaß und Leichtigkeit zu erhöhen. Egal, ob angestellt oder als Unternehmerin, die folgenden Fragen helfen dir, den eigenen Kontostand und den eigenen Selbstwert zu erhöhen.

1. Was macht mir Spaß?
2. Wie und womit will ich mein Geld verdienen?
3. Welcher Betrag muss am Monatsanfang auf meinem Konto sein, damit ich wie ein Honigkuchenpferd durchs Leben laufe und den Rest des Monats top motiviert bin?

An dieser Stelle ist es wichtig, zu sagen, dass es niemals einen Test geben kann, der dir sagt, wer du wirklich bist, was dir wirklich Spaß macht, welchen Beruf du machen solltest, wie viel du verdienen kannst. Es ist deine eigene Reise zu dir selbst, diesen Weg kannst du nur über dein Fühlen bestimmen. Du darfst fühlen, was dir gefällt und was nicht. Die meisten Leute fühlen sich in ihrem Leben verloren und disconnected, weil sie glauben, dass das Außen (die Gesellschaft, die Uni, der Chef et cetera) ihnen sagen könnte, wie sie sein sollten – und dann wären sie glücklich. Stell dir vor, die Natur würde jedem Baum sagen, wie er genau auszusehen hat. Gleiche Größe, gleiche Farbe, gleiche Stärke vom Stamm – wie langweilig wären bitte die Wälder, wenn alles gleich aussehen würde!

ES IST EIN LANGER UND HARTER WEG ZU MEINEN MILLIONEN

»Eine Geldkönigin kämpft nicht für ihre Millionen, sondern empfängt sie ganz entspannt.«

Jeanine Hurte

Wenn ich an meine Kindheit und Jugend zurückdenke, muss ich auch an meine Schulzeit denken. Ich bin anfangs gern zur Schule gegangen, war wissbegierig, wollte neue Dinge lernen. Doch je länger ich in Deutschland zur Schule ging, desto mehr wurde sie zur Qual für mich. Warum? Ich konnte in den ersten Schuljahren einige Wortlaute nicht klar aussprechen, habe das »B« und das »P« verwechselt und war deshalb sehr langsam im Lesen. Ich hatte keine Freude an Büchern mit Buchstaben. Das hat dazu geführt, dass meine Grundschullehrerin mich auf eine Schule für Kinder mit Lernbehinderungen schicken wollte. Hätte meine Mutter sich damals nicht konsequent gewehrt, wäre dies auch so gekommen.

Ein paar Jahre später in der Schule ging es darum, die besten Noten zu haben, damit ich aufs Gymnasium gehen konnte. Ich kann mich erinnern, dass mir beigebracht wurde, wer viel und mit aller Kraft lernt, wird belohnt und bekommt eine entsprechende Empfehlung für die weiterführende Schule. Ich kann mich an einige meiner damaligen Schulfreundinnen erinnern, bei denen es nicht fürs Gymnasium reichte und die am Boden zerstört waren. Sie gaben sich selbst in diesem Augenblick bereits einen »Loser-Stempel« und dachten, sie hätten versagt.

Durch meine Erfahrungen in den ersten Schuljahren habe ich folgende Dinge gelernt:

1. Du musst wie alle Kinder sein (beziehungsweise lesen und schreiben können), sonst wirst du »abgeschoben«.

2. Konzentriere dich auf deine Schwächen, deine Stärken sind egal. Wir alle kennen die Redewendung: Lass uns deine Schwächen zu deinen Stärken machen!
3. Du musst immer zu den Besten gehören, denn es gibt nicht genug für alle.
4. Du musst vergleichbar sein. – In der Schule ging es nie darum, Persönlichkeit und Individualität zu fördern, vielmehr wurden alle Kinder in einen Topf geworfen, schrieben die gleichen Tests, bekamen Noten, wurden verglichen und bewertet.
5. Durch Vorbilder lerne ich, was möglich ist im Leben.

Gerade zu Beginn meiner Zeit als Unternehmerin habe ich lange nicht realisiert, dass ich noch immer in den Mustern meiner Grundschulzeit dachte. Wie sich herausstellte, sind diese Überzeugungen im Business jedoch alles andere als zweckdienlich. Sie können uns oft sogar deutlich ausbremsen.

MACHE ES (NICHT) WIE ALLE UND DU WIRST ERFOLGREICH

Wenn wir ein eigenes Business starten, lesen wir oft Bücher oder besuchen Kurse und Coachings zum Thema. Wir lernen, dass es angeblich nur einen bestimmten Weg gibt, um zum Ziel zu gelangen. Wir erfahren, wie viele Leute diesen einen Weg bereits erfolgreich gegangen sind. Im Umkehrschluss glauben wir, dass, wenn es für andere geklappt hat, es auch für uns klappen muss. Denn das war in unserem ganzen bisherigen Leben so. Wir sollten machen, was der Lehrer sagt, sollten auswendig lernen, nichts hinterfragen, im Test das Auswendiggelernte am besten Wort für Wort wiedergeben. Wofür wir dann eine gute Note erhalten haben. Und wenn wir ehrlich sind, zieht sich dieses Muster auch durch Studium und/oder Ausbildung, und in den meisten Jobs geht es dann weiter. Wenn wir tun, was er man uns sagt, und keine Fragen stellen, werden wir mit einem höheren Gehalt oder einem Bonus belohnt. Ganz unbewusst werden wir konditioniert wie der pawlowsche Hund. Diese Konditionierung kann uns möglicherweise erfolgreich durchs Leben bringen, solange wir angestellt sind. Sie funktioniert jedoch nicht mehr, wenn wir unser eigenes Business aufbauen. Niemand wird etwas von dir kaufen, wenn du es 1:1 von jemand anderem kopiert hast.

Der Erfolg unserer Geschäftsidee steht und fällt mit unserer eigenen Kreativität. Die meisten weltbekannten Unternehmer und Unternehmerinnen sind erfolgreich gewesen, weil sie die Dinge einmal komplett anders gemacht haben. Auch dich möchte ich an dieser Stelle animieren, nicht alle Businessstrategien, von denen du hörst und liest, blind zu übernehmen. Hinterfrage stattdessen, ob sie zu dir passen. Für meinen Teil kann ich nur sagen: Würde ich mich noch immer an »DIE Strategie« halten, würde ich weiterhin Produkte für 39 € statt für 250.000 € verkaufen. Ich würde mehr als 60 Stunden in der Woche arbeiten, weil man das halt so macht. Du kannst an jeder Stelle entscheiden, wie du deinen Erfolg erlangen willst. Mir tat es damals im Herzen weh, mein Wissen für 39 € zu verkaufen. Ich habe von Anfang an gespürt, dass ich viel mehr wert bin.

Viele Unternehmer arbeiten so hart und schwer für ihren Erfolg, weil sie glauben, dass es nicht genug für alle gäbe. Nicht genug Kunden, nicht genug Geld, nicht genug Verkaufsmöglichkeiten. Sie glauben, es sei noch immer wie in der Schule oder im Studium: Diejenigen, die am längsten, schwersten und härtesten arbeiten, erhalten eine besondere Trophäe oder einen Award. In den ersten sechs Monaten meiner Selbstständigkeit habe ich genauso gedacht und gehandelt. Ich habe mir keine Pausen gegönnt und die ganze Zeit gehustelt. Wenn man jedoch das Gesetz des geringsten Aufwandes kennt und nach ihm lebt, dann weiß man, dass es genug für alle gibt. Es gibt keinen Mangel, schon gar keinen Mangel an Geld. Es ist so unfassbar viel Geld auf diesem Planeten vorhanden – niemand kann das alles ausgeben.

Ist dieses Geld nun auch so verteilt, wie wir es gern hätten? Wahrscheinlich nicht! Und kannst du etwas daran ändern? Auf jeden Fall! Zudem geht es bei dem Gesetz des geringsten Aufwandes ja darum, dass alles mit Leichtigkeit geschehen darf. Die Natur blüht einfach, zeigt dir jeden Tag ein Maximum an Wachstum und Schönheit. Und genau das ist das Vorbild. Niemand sagt, dass es nicht auch mal einen Regenschauer oder einen Sturm geben darf. Es geht darum, ein Check-up deiner Aktivitäten durchzuführen, herauszufinden, wo du eher mit Druck und Schwere unterwegs bist als mit Leichtigkeit und im Flow.

Was ist mit Check-up gemeint? Ganz einfach! Egal, was du gerade tust, ob du bügelst, in den sozialen Medien unterwegs bist oder mit dem Verkaufen beschäftigt, fange an, in deinen Körper hineinzuspüren. Gibt es eine Stelle, die schmerzt, die sich schwer anfühlt, fängt deine Stimme an zu versagen, leidest du unter Schweißausbrüchen? All das sind typische Anzeichen, dass gerade mit Anstrengung gearbeitet wird. Beim Check-up gibt es kein Richtig oder Falsch, vielmehr geht es darum, nicht einfach loszulegen, sondern sich bewusst vor jeder Handlung ein paar Sekunden Zeit zu nehmen und im Körper wahrnehmen, wie die Stimmung gerade ist.

Das Beste am eigenen Business ist, dass es keine Lehrer mehr gibt, die dich bewerten. Du bist viel mehr nun dein eigener Lehrer. Und wenn es dir noch immer wichtig sein sollte, die Beste zu sein, dann beschließe doch einfach, dass du die Beste bist! Denn mehr als eine Entscheidung benötigt es dafür nicht. Schau in den Spiegel und sag es dir: Ich bin die Beste!

DURCH VORBILDER LERNEN, WAS IM LEBEN MÖGLICH IST

Selbstverständlich können wir nicht alles nur aus uns selbst heraus machen. Der Mensch lernt durch Vorbilder. Am Anfang sind es unsere Eltern, später die Freunde, das Umfeld. Bei aller Skepsis: Auch der Lehrer, der Dozent, der Chef kann ein Vorbild sein. Auf unserer eigenen Reise als Unternehmerin sind es vor allem andere Unternehmerinnen und machtvolle Frauen, die uns beeindrucken. Noch immer fühlt es sich für einige vielleicht komisch an, die beiden Wörter zusammenzudenken – Frauen und Macht. Ich selbst bin im Bewusstsein nur weniger machtvoller Frauen groß geworden, im Vergleich zu den machtvollen Männern, von denen ich ständig gehört habe.

Welche machtvollen Frauen kommen dir spontan in den Kopf? Welches sind die fünf vermögendsten Frauen der Welt? Ich bin mir sicher, du kennst auf jeden Fall zwei der vermögendsten Männer der Welt – Jeff Bezos (Gründer von Amazon) und Bill Gates (Gründer von Microsoft). Doch die wenigsten von uns kennen die Namen der fünf reichsten Frauen.

Laut dem Forbes Magazin waren es im Jahr 2021 die folgenden fünf Frauen:

1. **Alice Walton** ist die Tochter des Walmart-Gründers Sam Walton und besitzt ein Vermögen von 54,4 Milliarden US-Dollar. Sie hat dieses Vermögen geerbt.

2. **Françoise Bettencourt** ist die Enkelin des Gründers von L'Oréal. Sie besitzt ein Vermögen von 48,9 Milliarden US-Dollar. Sie hat dieses Vermögen ebenfalls geerbt.
3. **Julia Flesher Koch** ist die Witwe von David Koch – Gründer von Koch Industries. Ihr Vermögen wird auf 38,2 Milliarden US-Dollar geschätzt. Auch sie hat dieses Vermögen geerbt.
4. **MacKenzie Bezos** ist die Ex-Ehefrau von Jeff Bezos, dem Gründer von Amazon. Ihr Vermögen wird auf 36 Milliarden US-Dollar geschätzt. Sie besitzt 4 Prozent der Amazon-Aktien. Sie hat ihr Vermögen im Scheidungsprozess erlangt.
5. **Beate Heister und Karl Albrecht Junior** sind die Kinder und Erben von Karl Albrecht Senior, der im Juli 2014 im Alter von 94 Jahren verstarb. Karl Albrecht hatte mit seinem Bruder Theo das Aldi Imperium erschaffen. Ihr Vermögen wird auf 33,3 Milliarden US-Dollar geschätzt. Beate Heister hat ihr Vermögen geerbt.

Schauen wir uns im Vergleich die fünf vermögendsten Männer der Welt an. Sie alle sind Selfmade-Milliardäre: Jeff Bezos, Bill Gates, Warren Buffet (Gründer von Berkshire Hathaway) und Larry Ellison (Gründer Oracle). Es ist, als wollte uns die Geschichte noch immer erzählen, dass du als Frau nur wirklich reich wirst, wenn du einen erfolgreichen Mann hast. In den letzten Jahren habe ich mehr als tausend Frauen zu Geld- und Business-Themen gecoacht, und dabei ist mir immer wieder aufgefallen, dass die meisten Frauen von Natur aus klein spielen. Viele Frauen haben als Ziel, vielleicht 10.000 € oder maximal 100.000 € Monatseinnahmen zu generieren. Sie stellen sich gar nicht erst die Frage, wie ihr Produkt ganz Deutschland oder die ganze Welt erreichen könnte! Es fühlt sich für viele Frauen unangenehm an, solche Dinge überhaupt zu denken.

Meine weiblichen Vorbilder waren die Frauen, die ich in meiner beruflichen Laufbahn kennengelernt habe, sowie natürlich die Frauen, über die in den Medien berichtet wurde. Ich habe diese Frauen als Frauen wahrgenommen, die stark männlich wirkten: kurze Haare, knallharte Gesichtszüge. Sie wirkten meist verbittert und gefühlskalt – als wären sie in eine Rolle geschlüpft, trügen eine Maske vor dem Gesicht. Vor allem hatte ich immer das Gefühl, diese Frauen hätten sich ihren Erfolg »hart und schwer erkämpft«. Ich habe mich immer gefragt, ob das der Preis für meine Karriere wäre: dass ich eine solche Frau werden müsste? Das wollte ich nicht. Also habe ich mir die Frage gestellt: Wie könnte es noch gehen? Wie geht es leichter? Wie geht es weiblicher?

Eine Antwort auf diese Fragen war definitiv mein eigenes Unternehmen, in dem ich bis heute meine eigenen Regeln und Preise bestimme. Das ist es wohl, was ich am meisten am Unternehmertum liebe. Es gibt einfach keine Grenzen – wenn ich sie nicht selbst zulasse. Zu meinen bekanntesten Regeln gehören:

- Nur Premiumpreise und keine Dumpingpreise.
- Ich darf Multimillionen verdienen mit einem kleinen Team.
- Mein Fokus liegt auf zahlenden Kunden und nicht auf Followern und Reichweite.
- Ich versuche so wenig wie möglich zu arbeiten und dabei am meisten zu verdienen.
- Ich muss niemanden von irgendetwas überzeugen. Kunden kaufen oder kaufen nicht.
- Ich oder mein Team führen grundsätzlich keine Verkaufsgespräche, weil ich davon gar nichts halte.
- Umsatzziele sorgen für maximales Wachstum im gesamten Team.
- Mal spende ich etwas und mal nicht.
- Ich erlaube, dass mein Bauchgefühl mein Business führt. Egal, was andere davon halten. Solange der Kontostand stimmt, ist alles fein.

Eine andere Antwort, die ich auf diese Fragen erhalten habe, entstammt dem alten und tiefen Wissen zum Thema Weiblichkeit. Als ich erstmals auf dieses Wissen aufmerksam wurde, spürte ich eine starke, fast körperliche Abneigung. Meine Weiblichkeit war das letzte Thema, mit dem ich mich auseinandersetzen wollte. Ich habe gar nicht wirklich verstanden, was dieses Thema mit dem Erfolg meines Unternehmens zu haben sollte.

WAS IST WEIBLICHKEIT?

Jeder Mensch, egal welchen Geschlechtes, hat immer männliche und weibliche Anteile. Tendenziell ist bei Frauen jedoch der weibliche Anteil stärker ausgeprägt als der männliche Anteil und umgekehrt. Zu den Eigenschaften, die der Weiblichkeit zugeschrieben sind, gehören unter anderem: Zartheit, Emotionalität, Weichheit, Nähren, Gemeinwohl, Hingabe, Empfangen und Intuition. Eigenschaften, die der Männlichkeit zu geschrieben sind, sind unter anderem: Macht, Produktivität, Planungsstärke. Eine Frau ist mehr in ihrer Kraft, wenn sie ihren weiblichen Anteil intensiver auslebt als ihren männlichen. Es ist ähnlich, wie in Kapitel 4 beschrieben, wo es um das Leben im Einklang mit dem weiblichen Zyklus ging.

Jeder Mensch besitzt beide Anteile, und keine Energie ist besser oder schlechter als die andere – auch wenn die Gesellschaft uns lange vom Gegenteil überzeugen wollte. Gerade uns Frauen hat man lange erzählt, dass die männlichen Energien wichtiger oder richtiger wären als die weiblichen. Wir haben gelernt, dass wir alles mit Logik, Verstand, Strategie und Vernunft (alles männliche Energien) klären müssten, gerade im Business-Kontext. Wir haben gelernt, dass unsere Gefühle, Emotionen und Intuition keinen Platz im Business haben. Das hat in meinen Augen genau dazu geführt, dass Frauen sich mühsam zum Erfolg kämpfen mussten, weil sie sich auf ihre geringeren männlichen Energien konzentriert haben, statt ein

Unternehmen im vollen Einklang mit ihrer Weiblichkeit zu führen.

Für mich bedeutet volle Weiblichkeit im Business die volle Hingabe an meine Gefühle und Intuition. Es bedeutet, dass ich mir bewusst Zeit nehme, meinen Ideen und Impulsen nachzuspüren. Zum Beispiel kann ich mich noch genau an Momente erinnern, in denen ich zu Coachings einfach »Ja« gesagt habe, obwohl ich das Geld noch nicht einmal hatte, geschweige denn wusste, wie ich die erste Rate zahlen würde. Doch der Impuls war da, dass das jetzt der nächste wichtige Schritt wäre. Dazu braucht es keine bewusste Anstrengung. Mit dem Empfangen von Impulsen ist es wie mit einer Schwangerschaft – wenn man als Frau einmal schwanger ist, muss man nichts mehr extra tun, um schwanger zu sein. Wenn das Ei am richtigen Tag befruchtet wird, ist es befruchtet. Es muss nicht irgendetwas im Körper noch bewusst gemacht werden, um die Schwangerschaft auszuführen. Wenn du als Frau anfängst, auf deine Intuition zu hören und Ideen und Impulse empfängst und diesen nachgehst, wird sich alles verändern.

Aus Filmszenen oder dem eigenen Leben kennen wir es vielleicht, vom Partner betrogen zu werden. Gerade in Filmen sagt der Mann dann oft: »Schatz, ich konnte einfach nicht anders, sie hat mich verführt. Ich wusste nicht mehr, was ich tue.« Das muss man sich einmal auf der Zunge zergehen lassen! Angeblich leben wir in einer Gesellschaft, in der Verstand und logisches Denken das höchste Gut sind und unsere Gefühle keinen Platz haben. Gleichzeitig haben wir Frauen offenbar die Möglichkeit, mit unserer weiblichen Energie den logischen Verstand des Mannes komplett auszuschalten. Ich will dich jetzt nicht dazu animieren, einen Mann zu verführen. Aber es ist doch offensichtlich, wie unfassbar viel Kraft in deiner Weiblichkeit steckt. Es ist nicht nötig, zu kämpfen, zu hustlen, dich aufzuopfern für deinen Traum. Du bist so viel kraftvoller und stärker, wenn du einfach deine volle Weiblichkeit ausspielst. Das ist für mich der *Female way of doing Business.*

Kräftetechnisch sind wir Frauen in den meisten Fällen schwächer als Männer. Warum also gegen jemanden kämpfen, der körperlich überlegen ist? Ich kann mich noch an einen Satz erinnern, den meine Mutter immer zu mir gesagt hat: Der Klügere gibt nach. – Also sei die Klügere und kämpfe nicht auf einer Ebene, auf der du nur schwer gewinnen kannst. Spiele vielmehr auf einer Ebene, auf der der Gewinn schon vorprogrammiert ist. Sei eine Königin, verlasse das Kampffeld und setze dich auf deinen Thron. Oder hast du jemals einen Film gesehen, in der die Königin sich auf dem Kampfplatz schmutzig gemacht hätte? Eine Königin koordiniert viel mehr ihre Soldaten und schickt sie dann aufs Kampffeld, um dort den Sieg für sie einzufahren.

JETZT DEN KONTOSTAND ERHÖHEN!

WORK SMART NOT HARD

Versteh mich nicht falsch, viele Leute glauben, dass es beim *Female way of doing Business* darum geht, den ganzen Tag im Schneidersitz dazusitzen, nichts zu tun und »Oh« zu sagen. Das meine ich auf keinen Fall. Denn jedes Business ist nur erfolgreich geworden, weil es etwas zu verkaufen hatte, und das auch kreiert wurde (so mindestens über die Art und Werte von Business, die ich meine). Es geht nicht darum, die ganze Zeit busy zu sein, enorm viel zu tun und auf allen Hochzeiten aktiv zu sein, vielmehr geht es darum, genau zu wissen, was deine Ziele sind und diese dem Leben mitzuteilen. Wichtig ist an dieser Stelle: Das »Wie« ist nie deine Aufgabe, das macht das Leben für dich. Kopf aus, Herz an. Warum ist das die Überholspur für deine Millionen und Multimillionen? Wüsstest du aktuell, wie du Millionen kreierst, dann würdest du es tun und hättest sie auf deinem Konto. Doch ich gehe stark davon aus, dass dies nicht der Fall ist. Der natürliche Reflex des Menschen wäre nun, mit seinem aktuellen Wissensspektrum das Problem zu lösen. Doch das ist schlicht unmöglich. Durch dieses Denken und Handeln sind wir von Anfang an eingeschränkt und öffnen uns nicht für all die Möglichkeiten, wie die Millionen zu uns kommen können.

FRAGE NACH SCHNELL UND EASY

Die meisten Menschen glauben, dass es schwer und hart ist, Millionen zu verdienen. Und Hand aufs Herz, wer hat wirklich Lust auf harte und schwere und vor allem lange Arbeit? Ich hatte meine erste Million nach zwölf Monaten. Es kommt auf den Betrachter an, ob das jetzt schnell oder langsam ist. Für mich war es jedoch auf keinen Fall hart und lang. Einer der Gründe war, dass ich beim Leben nach schnell und easy gefragt habe. Wie oft fragst du in deinem Leben nach hart und lange, statt schnell und easy? Diese beiden Punkten hören sich so simpel an, dass sie fast nicht wahr sein können. Und da ist für viele Menschen etwas Wahres dran, denn von klein auf wurden wir so konditioniert, dass wir überall gut sein müssen und uns auf unsere Schwächen konzentrieren sollen, statt auf Spaß, Freude und Geld. Zusätzlich dauert unsere Schulbildung bis zu 13 Jahre, die Ausbildung drei Jahre und das Studium fünf Jahre und länger. Wir lernen, was uns »erfolgreich« macht, das muss lange dauern. Gut, dass du die Chefin von deinem eigenen Kontostand bist und nicht länger nach den Regeln anderer leben musst, sondern deine eigenen aufstellen kannst. Trau dich und frage nach schnell und easy, immer und überall.

ES GEHT NICHT SCHNELL GENUG

»Egal, wo du gerade stehst, du kannst immer sofort anfangen deine (Geld)Heldin zu werden.«

Jeanine Hurte

Ende 2021 brach mein Leben gefühlt für ein paar Monate zusammen. Die Geschichte hätte auch die Anfangsstory aus einem Rosamunde-Pilcher- oder Inga-Lindström-Film sein können. Eine junge Frau führt über ein paar Jahre eine Fernbeziehung mit ihrem Partner zwischen München und New York. In all den Jahren fragt der Mann sie immer wieder, ob sie nicht zu ihm nach New York ziehen will. Die junge Frau sagt immer Nein, es fühlt sich einfach nicht richtig an. Nachdem ihr Partner sie wieder einmal besucht und sich nach New York verabschiedet hat, erkennt sie jedoch, dass sie kein Interesse mehr an diesem Abschiedsschmerz hat. Sie beschließt, zu ihm nach New York zu ziehen. Sie beginnt, all ihr Hab und Gut, inklusive ihrer Firma, zu verkaufen. Und wenige Tage vor dem Umzug erhält sie die Nachricht von ihrem Partner, dass er sich von ihr trennen will und sie nicht nach New York kommen soll. An diesem Punkt hat sie bereits alles verkauft.

Nun, diese Story hätte der Anfang von einem romantischen Film sein können. Aber das war sie leider nicht, es war eine wahre Geschichte, zudem meine eigene, die mein komplettes Leben infrage stellte. Die Trennung von meinem Partner hob meine Leben in allen Bereichen aus den Angeln. Mein Herz war gebrochen, mein Leben fühlte sich wie ein Trümmerhaufen an. Zugleich war es auch der Beginn von einem wundervollen Neubeginn. Jedes Ende trägt auch einen Anfang in sich.

Aus tiefstem Herzen bin ich davon überzeugt, dass nichts in unserem Leben passiert, was wir nicht bewusst oder unbewusst hineinlassen. Rückblickend kann ich sagen, wenn ich ehrlich bin, wollte ich schon lange aus Deutschland fortziehen. Ich habe mich einfach nicht mehr wohlgefühlt – die Werte und Spielregeln, die durch die Politik festgesetzt wurden, entsprachen nicht mehr meinen eigenen. Tatsächlich spielte ich über zwei Jahre mit dem Gedanken, das Land zu verlassen, hatte aber nie den Mut gefunden, den Schritt wirklich zu gehen. Je erfolgreicher mein Unternehmen wurde, desto bürokratischer wurde alles. Auf Englisch sage ich immer: »*I am a simple girl*!« – was bedeutet, dass ich es einfach und unkompliziert mag. Das Ende meiner damaligen Beziehung war nur der Auslöser, meinem tiefen Wunsch endlich nachzugeben und Deutschland zu verlassen. Die Trennung von meinem Partner gab mir die Chance, noch einmal komplett von vorn anzufangen. Mein Leben war jetzt wie ein weißes Blatt Papier, und ich konnte es füllen, womit ich wollte.

In den meisten Bereichen wusste ich nicht auf Anhieb, wie es weitergehen sollte. Zum Beispiel wusste ich nicht, wo ich leben wollte, wie ich leben wollte und was ich machen sollte. Gleichzeitig gab es viele Dinge, die ich schon wusste. Zum Beispiel wollte ich in einem Haus wohnen, das am Meer und im Wald steht, ich wollte weniger arbeiten beziehungsweise noch weniger hustlen, ich wollte auf allen Ebenen das Leben mehr genießen, und ich wollte für ein Jahr Michael Singers »Surrender-Experiment« machen.

Michael A. Singer schrieb im Jahr 2015 das Buch *Surrender Experiment*, auf Deutsch *Das Experiment Hingabe*.

In dem Buch erzählt er die Geschichte, wie er die Kontrolle seines Lebens an das Leben zurückgab und von einem bestimmten Zeitpunkt an nur noch den Impulsen folgte, die er empfing. Was damit gemeint ist? Angenommen, du wirst wach und deine innere Führung, deine Seele oder Stimme, wie auch immer du es nennen magst, sagt dir: Heute will ich einen Kaffee in Italien trinken. Dann würdest du jetzt nach Italien fahren und dort einen Kaffee trinken. Wenn deine Seele dir sagt, gehe zu dem Mann rüber und sage ihm, dass er ein wundervolles T-Shirt trägt, dann würdest du das machen. Egal, was der innere Impuls ist, du tust es einfach, das ist wahre Hingabe an das Leben. Du vertraust darauf, dass wirklich alles im Leben immer für dich ist.

Als ich 2018 zum ersten Mal von dem Buch erfuhr und es las, wusste ich sofort, dass ich eines Tages auch so ein »Experiment Hingabe« machen musste. Alles in mir kribbelte, doch damals wollte ich finanziellen Puffer für ein solches Wagnis haben. Ich hatte damals nicht den Mut, mich komplett dem Leben hinzugeben. Inspiriert von dem Buch von Michael A. Singer habe ich im Dezember 2021 dann beschlossen, dass ich mich im Jahr 2022 komplett treiben lasse. Ich habe meine Kontrolle dem Leben übergeben.

Bereits nach drei Monaten könnte ich ein eigenes Buch darüber schreiben, was alles passiert ist und was ich in so kurzer Zeit schon alles lernen und erfahren durfte. Wer weiß, vielleicht kommt dazu noch ein ausführliches Buch am Ende des Jahres 2022. Eine Schlussfolgerung aus dieser Phase kann ich bereits jetzt schon teilen, und zwar: Alles im Leben dauert so lange, wie es nun einmal dauert.

Gerade in den ersten Jahren meiner Selbstständigkeit war ich enorm ungeduldig. Nichts ging mir wirklich schnell genug. Anfangs war mir meine Reichweite nicht groß genug, es waren nicht genug Kunden da, es war nicht genug Umsatz. Meine eigene Ungeduld führte in vielen Dingen dazu, dass ich permanent unter innerem Druck stand. Ich hatte das Gefühl, ich müsste immer noch mehr arbeiten, da nichts schnell genug ging. Im Kopf hatte ich einen genauen Plan, wie die Dinge und vor allem in welchem Tempo mein Leben passieren sollte. Doch wie so oft kam alles anders als gedacht.

Ich habe es bereits beschrieben: Der Prozess des Geldverdienens ist immer auch eine intensive Reise zu uns selbst. Wir lernen uns besser kennen und können genau herausfinden, was WIR im Leben wollen – nicht die anderen. Vor allem werden wir auf dieser Reise realisieren, dass wir vieles bereits wussten oder schon einmal getan und nur irgendwie wieder verlernt oder vergessen haben. Ich zum Beispiel hatte als Teenager immer einen Plan: Ich wusste, wo ich meine Ferien verbringen wollte, was ich in den Ferien machen wollte und wie alles genau ablaufen sollte. In 99,9 Prozent der Fälle kam es dann anders. Mal mehr und mal weniger. Ich kann mich noch genau erinnern, wie verärgert ich jedes Mal war, wenn mein Plan nicht aufging, da ich ja viel Zeit und Energie hineininvestiert hatte. Irgendwann dachte ich mir: Warum soll ich überhaupt meine Zeit fürs Planen nutzen, wenn ständig alles anders kommt?! Und das war der Augenblick, an dem ich damit aufhörte. Heute bin ich bei meinen Freunden bekannt dafür, dass ich ständig verrückte und spontane Dinge tue.

Als ich mein Unternehmen aufzubauen begann, hatte ich von allen Seiten gehört, dass ich unbedingt einen Plan bräuchte. Einen Business-Plan, einen Marketing-Plan, einen Social-Media-Plan – gefühlt sollte jeder Schritt in meinem Business geplant werden. Und da ich diese Sichtweise so oft gehört hatte, nahm ich sie als meine Wahrheit an, obwohl es sich von Anfang an nicht stimmig anfühlte und mich nicht glücklich machte. Vor allem habe ich lange geglaubt, ich könnte nur erfolgreich sein mit großem Team und Büro, obwohl in mir immer ein Teil war, der genau das nicht wollte. Die ersten Monate in meinem Surrender-Experiment haben mir gezeigt, dass ich keinen genauen Plan für irgendetwas benötige. Es reicht, wenn ich die Richtung vorgebe, und den Rest macht das Leben. Du fragst dich, welche Richtung? – Ich denke simpel und easy – ich habe dem Leben nur gesagt, ich will in diesem Jahr Multimillionen verdienen auf dem schnellsten und leichtesten Weg. Mehr nicht. Im Buch schreibe ich öfter von easy – und jetzt siehst du, wie easy ich es meine. Wie sehr ich mich dem Leben hingebe und den Impulsen folge. Ich habe nicht gesagt, wie ich das Geld verdienen will, ob mit Business oder angestellt. Ich habe nicht gesagt, wo ich es verdienen will. Ich habe nicht gesagt, mit wie vielen Kunden oder zu welchen Preisen. Das sind alles Fragen und Gedanken, die nur jemand haben kann, der dem Leben nicht zu 100 Prozent vertraut. Und das ist okay. Wahrscheinlich sind die meisten Menschen da draußen so. Doch ich will dir sagen, solange du probierst, so vieles wie möglich zu kontrollieren und das »Wie« zu diktieren, verpasst du die schnellen und leichten Millionen.

WARUM SIND WIR UNGEDULDIG?

Ich war wahrscheinlich sehr lange Zeit einer der ungeduldigsten Menschen. Es gab kaum eine Sache in meinem Leben, die mir schnell genug ging. Egal, ob Partnerschaften, Jobs, Gesundheit – ich wollte jede neue Aufgabe so schnell wie möglich gemeistert und erledigt habe. Wann immer ich etwas erledigt hatte, wurde in mir das Gefühl des Fertig-Seins und Angekommen-Seins ausgelöst. Mein Leben lang habe ich geglaubt, dass es einen Zustand geben könnte, in dem man tatsächlich angekommen ist. Eine Art Endstation. Denn so lautet der gesellschaftliche Konsens: Es gibt diesen Punkt. Die eigene Bildung ist mit dem Erreichen eines Jobs abgeschlossen. Danach können maximal noch ein paar berufliche Zusatzqualifikationen erfolgen. In einer Partnerschaft ist die Endstation angeblich die Ehe. Und bei materiellen Dingen ist die Endstation das eigene Haus, das Auto, das Boot. Diese Sichtweise hat in meinem Leben zu einer enormen Ungeduld geführt. Immer weiter bin ich gelaufen im Hamsterrad des Schneller-Höher-Weiter.

Heute weiß ich, dass ich nie ankommen kann. Es geht überhaupt nicht darum, irgendwo anzukommen. Vielmehr geht es in meinem Leben nur um zwei Dinge. Erstens: Welche Frau werde ich auf meinem Weg, was lerne ich alles Neues und von wem? Und zweitens: Wie viele Menschen und wie viele Herzen darf ich auf diesem Weg berühren?

Wenn es nicht mehr darum geht, *dass* wir irgendwo ankommen, dann ist es auch egal, *wann* wir ankommen. Genießen wir unseren Weg so sehr wie das Erreichen des Zieles – dann haben wir alle Zeit der Welt. Was, wenn es gar nicht darum geht, in welcher Zeit du den Marathon läufst? Wenn du alle Trainingseinheiten und jede Sekunde des eigentlichen Laufs maximal genießt, dann macht es keinen Unterschied mehr, wann du ankommst.

Heute kann ich sagen, dass ein Gefühl der Ungeduld nur in mir entsteht, wenn ich meinen aktuellen Lebensweg nicht genieße. Das bewusste Wahrnehmen der eigenen Ungeduld ist ein großes Geschenk, denn wenn wir ungeduldig sind und unseren Weg nicht genießen, ist das ein Zeichen dafür, dass unsere Seele anders leben will. Ungeduld kann also enorm hilfreich sein, wenn du herausfinden möchtest, was du wirklich willst.

Wann immer du ungeduldig bist, weißt du schon einmal, was du nicht mehr willst. Angenommen, man wartet an einer Bushaltestelle auf den Bus und dieser kommt nicht. Bei vielen Menschen treten dann Ungeduld und Frustration auf. Beide Gefühle sind ein Indikator dafür, dass man etwas anderes will als den aktuellen Status quo.

Man will, dass der Bus pünktlich ist! So banal dieses Beispiel ist, so leicht lässt sich die Ungeduld doch nutzen, um herauszufinden, was man wirklich will.

Es ist das Gesetz der Polarität, welches besagt, dass es immer zwei Sichtweisen gibt. In einfacheren Worten: Jede Situation ist ein Geschenk für dich. Die Frage ist, bist du bereit, deine Sichtweise zu verändern und das Geschenk anzunehmen?

Laut dem Duden ist Ungeduld die Unfähigkeit, sich zu gedulden, etwas ruhig und gelassen abzuwarten oder zu ertragen. Wenn ich mir das Wort Ungeduld angucke, sehe ich direkt das Wort »dulden«. Wenn ich ehrlich bin, haben mich andere Leute zumeist mit ihrem Tempo, in dem sie neue Dinge gelernt haben, zur absoluten Ungeduld getrieben. Ich bin ein Mensch, der enorm schnell lernt und sehr zielstrebig ist. Meistens lebe ich auf der Überholspur, zum Beispiel höre ich meine Hörbücher und Podcasts immer auf zweifacher Geschwindigkeit. Mein Mantra war lange: »Gedanke, Idee und Umsetzung müssen innerhalb von 24 Stunden stattfinden.« Das hat dazu geführt, dass ich enorm viel in kurzer Zeit geschafft habe. Ich habe 500.000 € in einer Woche verdient, es sind Zeitungsinterviews im *Handelsblatt* mit mir veröffentlicht worden, ich stand als Rednerin mit Daniel Krauss (Gründer von Flixmobility) und Sigmar Gabriel (ehemaliger Minister) auf einer Bühne und war auf Platz 1 in den deutschen Podcast-Charts.

Lange war ich mir gar nicht bewusst, wie schnell ich im Leben unterwegs bin und dass ich viele Dinge doppelt so schnell erledige wie andere. Mir war nur klar, dass mich Leute, die langsamer sind als ich (also sehr viele Menschen), zur Weißglut bringen konnten.

Es gab den Moment in meinem Leben, an dem ich verstehen wollte, warum andere Leute mich so triggern konnten. Ich wollte verstehen, warum sie eine solche »Macht« über mich erlangen konnten. Und so ging ich meiner Ungeduld auf den Grund. Ich fragte mich, wann immer ich Ungeduld gespürt habe, was genau *dulde* ich gerade nicht? Und meine Antwort war zumeist: Ich dulde nicht, dass andere Leute so langsam sind. Das war ein Schlag ins Gesicht für mich. Denn es ließ mich erkennen, dass für mich offenbar Folgendes galt:

- Alle Leute müssen in meinem Tempo unterwegs sein.
- Es gibt ein richtiges und ein falsches Tempo.

An der Stelle muss ich wiederholen, dass jedes Mal, wenn wir andere Leute abwerten, wir uns auch selbst abwerten. Denn die Energie und die Worte, die wir herausgeben, müssen laut dem Gesetz von Ursache und Wirkung wieder zu uns zurückkommen. Es geht gar nicht anders. Seitdem ich von diesen Gesetzen erfahren habe, probiere ich, die Leute mehr sie selbst sein zu lassen und jeden Tag ein bisschen mehr zu akzeptieren, dass alle Menschen komplett unterschiedlich sind und dementsprechend in ihrem eigenen Tempo durchs Leben gehen. Ich durfte durch meine Ungeduld lernen, dass es nicht nur mein Tempo gibt, sondern jeder Mensch sein eigenes Tempo hat. Und dass jedes gewählte Tempo immer einen Platz hat. Mir ist bewusst geworden, dass ich nur dann wirklich frei bin, wenn das Verhalten und die Entscheidungen anderer keinen Einfluss mehr auf meine Gedanken und Gefühle haben.

WAS HILFT BEI UNGEDULD?

Es gibt ein paar Unterschiede im Gründungsprozess zwischen Männern und Frauen, die mir aufgefallen sind. Einer ist, dass Männer am liebsten von Tag eins an Umsatz machen wollen, egal, ob der Service oder das Produkt schon wirklich stehen – Hauptsache Umsatz! Frauen hingegen wollen im Hintergrund alles perfekt vorbereitet haben und zweifeln ständig, ob sie beziehungsweise ihr Produkt schon gut genug sind, um es zu verkaufen. Der letzte Bereich, dem Frauen sich widmen, ist der Verkauf. Auf der anderen Seite sind Frauen dann enorm ungeduldig, wenn es um Kunden und Geld geht. Sie können regelrecht verzweifeln, weil sie sich einreden, dass es nicht genug Kunden oder Geld gäbe.

Mir ist aufgefallen, dass Ungeduld im Business-Kontext auch dann auftritt, wenn wir glauben, dass wir etwas nicht lieben – zum Beispiel das Verkaufen – und dann schnell durch die Thematik hindurchrasen. Die meisten Leute fühlen sich unwohl beim Verkaufen, sehen es als etwas

Schlechtes oder Nerviges an und verbringen im Umkehrschluss wenig Zeit damit und haben vor allem enorm wenig Genuss oder Freude an der Sache. Unsere Seele will jedoch nicht rasen. Unsere Seele will jede Erfahrung genießen, so auch das Verkaufen und den Verkaufsprozess. Auch beim Verkauf werden wir wesentlich geduldiger, wenn es nicht mehr nur um das Geld und den erledigten Verkaufsabschluss geht, sondern wir den Prozess und den Weg zu hundert Prozent genießen. Wenn der Weg der wahre Genuss ist, macht es keinen Unterschied, wann genau wir das Ziel erreichen. Wenn der Prozess des Geldverdienens mit Freude und Genuss verbunden ist, dann ist es egal, wann die Million auf dem Konto ankommt. Sie ist da, wann sie da ist, und auf dem Weg hattest du noch eine ganze Menge Spaß und hast viele neue Sachen erfahren.

JETZT DEN KONTOSTAND ERHÖHEN!

GEH AUS DEM WEG

In dem Bestseller *Ein Kurs in Wundern* heißt es: »Diejenigen, die sich des Ergebnisses sicher sind, sind bereit zu warten.« Vor allem, wenn es ums Geldverdienen ging, durfte ich lernen, wann immer ich etwas zu sehr wollte, dann hat es nicht geklappt. Finanzielle Ziele, die ich mir aus Ego-Gründen gesetzt hatte, habe ich nie erreicht. Kein einziges Mal. Wenn ich gedanklich hingegen schon aufgegeben hatte und keinen Fokus mehr auf eine Sache gesetzt habe, dann ist das Wunder oftmals geschehen und es ist doch noch passiert. Ich bin aus dem Weg gegangen, und das Leben durfte dirigieren und die Dinge in die richtige Reihenfolge für mich bringen. Kurz: Kopf aus – Herz an.

ETWAS BESSERES WARTET AUF DICH

Oft erlebe ich in der Community, dass viele Frauen neue Dinge ausprobieren, einmal mutig sind und etwas anders machen. Zum Beispiel wünschen sich viele Unternehmerinnen, ihre Produkte zu einem höheren Preis verkaufen zu können. Sie pitchen einmal zu ihrem neuen Preis – und die Welt rennt ihnen dann nicht direkt die Hütte ein. Es kauft niemand zum neuen Preis. Die Frauen geben dann oftmals sofort auf und leiten sich eine Erklärung her, warum die Sache nicht funktioniert hat. Die gängigste Ausrede ist, dass der Preis eben zu hoch war. Und ja, diese Erklärung ist einfach, gesellschaftlich voll akzeptiert. Doch wird eine Rückkehr zum alten Preis dich nicht zum Wachsen bringen, er wird vielmehr dafür sorgen, dass du ein Leben lang in deiner Komfortzone bleibst. Denke daran, wir Menschen sind wie Blumen, wir wachsen oder wir sterben! Die Aufgabe eines Menschen ist niemals, das komplette Leben in der Komfortzone zu verbringen. Wäre das unsere Aufgabe, würden wir noch immer Windeln tragen und auf dem Boden herumkrabbeln.

Gerade als Unternehmerin gehören »Neins« zum Alltag. Es kann immer Kunden geben, die nicht kaufen, die den Preis kommentieren (glaube mir, ich kenne das, denn mein 1:1-Coaching kostet 250.000 €) oder einfach nicht die passenden Kunden für uns sind. Ein Nein sollte auf keinen Fall persönlich genommen werden, auch wenn uns Frauen das anfangs schwerfallen mag. Wenn etwas nicht klappt, wartet zumeist etwas Besseres auf dich. Statt Zeit und Energie zu verschwenden und dich über die Situation aufzuregen, kannst du dir folgende Fragen stellen:

- Wie kann mein Business noch besser werden?
- Was wartet jetzt Besseres auf mich?
- Wann und von wo kommt das Bessere her?

Mithilfe dieser Fragen kannst du innerhalb kürzester Zeit deine positive Energie zurückgewinnen und den Fokus wieder auf das eigentliche Ziel richten. Zu akzeptieren, dass es immer und überall Polaritäten geben wird, Licht und Schatten, Erfolg und Misserfolg, sorgt für inneren Frieden in jedem Augenblick.

DINGE KOMMEN, WENN WIR BEREIT SIND

Oft wollen wir mehr als das, wofür wir gerade bereit sind. Eines der bekanntesten Beispiele sind Lottogewinner, von denen laut mehrerer Studien etwa 70 Prozent pleitegehen.

Warum ist das so? Jeder Mensch hat einen inneren Geldcontainer, wie ich das nenne. Der Container bestimmt, wie viel Geldfassungsvermögen ein einzelner Mensch hat. Das Fassungsvermögen wird meistens durch unser Umfeld bestimmt. Es ist so groß beziehungsweise so klein wie das, was wir selbst als normal bezeichnen. Haben deine Eltern im Schnitt 50.000 € im Jahr verdient, ist das für dich normal. Jemanden, der 250.000 € im Jahr verdient, empfindest du als reich. Würdest du jedoch mehrere Millionen im Jahr verdienen, würdest du diese Beträge als gering empfinden.

Die Größe des eigenen Geldcontainers wird zudem durch unsere Kosten und unseren Lebensstil bestimmt. Zwei Dinge sind wichtig an dieser Stelle. Erstens kann die Größe des internen Geldcontainers jederzeit von jedem Menschen angepasst werden. Zweitens kann der interne Geldcontainer unendlich groß werden. Um langfristig mehr Geld zu verdienen, muss zunächst der Geldcontainer vergrößert werden. Stell dir vor, du hast eine leere Wasserflasche mit 1,5 Litern Fassungsvermögen und jetzt erhältst du 3 Liter Wasser. Es ist egal, wie viel Wasser du erhältst, in deine Wasserflasche passen nur 1,5 Liter rein. Um mehr Wasser besitzen zu können, wird eine größere Flasche benötigt. Genauso ist es mit dem Geld. Dein interner Geldcontainer ist deine Wasserflasche, erst wenn sich dieser vergrößert, kannst du mehr Geld verdienen.

Die meisten Lottogewinner erhalten schlagartig Geld. Dabei leben sie noch in ihrem aktuellen Umfeld und mit ihrem aktuellen internen Geldcontainer. Dieser hat nicht das größere Fassungsvermögen, weshalb sie innerhalb kürzester Zeit alles Geld verlieren und zu ihrem alten Kontostand zurückkehren. Den meisten Menschen ist das Konzept des internen Geldcontainers fremd. Das Wasserflaschenszenario erklärt die Sache jedoch einleuchtend. Wollen wir den internen Geldcontainer vergrößern, passiert das auf unterschiedlichen Ebenen, und es ist eine innere Arbeit, die von den meisten Leuten als unsexy empfunden wird, weil sie niemand im Außen sieht. Ich sage, sie ist Voraussetzung, um langfristig mehr Geld zu verdienen. An dieser Stelle kann ich empfehlen, den eigenen Geldcontainer nicht allein zu vergrößern, sondern sich Hilfe zu holen. Warum? Wäre es so einfach, würden die meisten Lottogewinner nicht innerhalb kürzester Zeit wieder alles verlieren. Haben wir hier einen Money-Coach an unserer Seite, zeigt er uns unsere blinden Flecken. Als Coach sehe ich immer wieder, wie hilfreich es für meine Kunden ist, mich an ihrer Seite zu haben. Und auch ich selbst habe für jedes neue finanzielle Ziel einen Coach an meiner Seite. So lerne ich aktuell nur von Billionären. Hätte ich mir in den letzten Jahren nicht permanent Hilfe eingekauft, wäre ich nicht einmal ansatzweise da, wo ich bin. Hilfe von Leuten, die das haben, was wir wollen, bringt uns in meinen Augen auf die absolute Überholspur.

ICH KANN NICHT ALLES HABEN

»Ich weigere mich, lediglich 50 Prozent zu geben, nur weil die Leute meine 100 Prozent nicht ertragen können.«

JEANINE HURTE

In Filmen bekommen wir immer wieder das typische Frauenbild vorgeführt. Als Frau MUSST du dich entscheiden. Du kannst nicht alles haben im Leben, so ist das eben! Zum Beispiel Cruella Devil aus *101 Dalmatiner* – wenn eine Frau erfolgreich ist, dann ist sie böse, gemein, hinterhältig und vor allem einsam. Oder Anne Hathaway als Andy Sachs in *Der Teufel trägt Prada*: Andy hat die große Chance, nach ihrem abgeschlossenen Studium bei einem erfolgreichen Modemagazin als Assistentin der Geschäftsführung zu arbeiten. Während sie in ihrem Job immer erfolgreicher wird, wenden sich ihr Partner und ihre Freunde von ihr ab, weil sie sich so verändert hat. Sie muss sich zwischen ihrem Job und ihren Beziehungen entscheiden. Meryl Streep spielt im gleichen Film Miranda Priestly und ist die böse und gemeine Chefin von Andy Sachs. Miranda Priestly hat sich für ihre Karriere entschieden, um jeden Preis, und deshalb ist ihre Ehe gescheitert und eine Scheidung steht an. Sofern wir einmal darauf aufmerksam geworden sind, sehen wir es in den Filmen permanent – eine Frau kann nicht alles haben, eine Frau muss sich zwischen Business und Familie entscheiden, eine Frau muss sich zwischen Erfolg und Gemeinschaft entscheiden. Oder fällt dir spontan ein Film ein, in dem eine Frau als erfolgreich *und* glücklich, als Mutter *und* Partnerin dargestellt wird? Mir auf jedem Fall nicht. Es ist, als würde es diese Option für uns Frauen gar nicht geben. Als müssten wir uns zwangsläufig entscheiden.

Interessanterweise scheint diese Kombination für Männer kein Problem darzustellen, nicht einmal eine Herausforderung. Männer können alles haben, ihnen steht die Welt offen. Diese Sichtweise wird uns nicht nur im Film vermittelt, sondern auch gesellschaftlich. Wird ein Junge gefragt, was er werden möchte, und er antwortet: »Bundeskanzler«, sagen alle »Wow, das ist ja ganz wunderbar.« Wird ein Mädchen gefragt, was sie werden möchte, und antwortet »Bundeskanzlerin«, sagen alle »Oh, ehrlich? Willst du denn gar keine Familie?« Ich war selbst jahrelang das Mädchen und die junge Frau, auf dessen Lebensvisionenboard »Kanzlerin 2025« stand. Und kein einziges Mal habe ich einen Kommentar erhalten wie: »Das ist ja wunderbar.« oder »Weißt du schon, wie du das machen willst?«, geschweige denn so etwas Abwegiges wie: »Mega, ich unterstütze dich.« Stattdessen kam immer nur die Frage nach der Karriere, nach den Kindern, ob ich nicht irgendwann einen Partner haben wolle?

Das bringt mich direkt zu einem weiteren Klassiker, der auch mir lange eingeredet wurde: *Männer mögen keine erfolgreichen Frauen.* Oder: Du darfst finanziell nicht zu erfolgreich sein, weil das für Männer abschreckend ist. Oder: Männer mögen keine starken Frauen, das schwächt ihre Männlichkeit und ihr Ego. Das sind meine Lieblingssätze, die ich in den letzten Jahren immer wieder gesagt bekommen habe. Na klar, und deshalb ist die einzige logische Entscheidung, dass ich mich klein und arm mache – weil Männer nicht damit umgehen können, wenn ich mehr auf meinem Konto habe als sie und wesentlich weniger dafür arbeite! Wie wäre es, wenn Männer in unserer Gesellschaft einfach mal wieder männlicher und »stärker« würden? Und ihr Leben und ihre Ziele ein bisschen upgraden würden?

Ich will mit diesem Kapitel gar keine Kluft zwischen Männer und Frauen treiben. Doch ich habe es einfach nie verstanden, warum wir Frauen »zu erfolgreich« sein können. Warum wir uns angeblich entscheiden müssen zwischen Kind und Karriere. Ich für meinen Teil habe vor ein paar Jahren den folgenden Satz beschlossen:

Ich weigere mich, lediglich 50 Prozent zu geben, nur weil die Leute meine 100 Prozent nicht ertragen können.

Es kann einfach nicht der Anspruch an uns Frauen sein, dass wir uns klein halten, um anderen Leuten zu gefallen. Ich will dich ermutigen, für deine Träume, also deine wirklich großen Träume einzustehen. Es gibt kein Entweder-Oder im Leben einer Frau. Wir müssen uns nicht zwischen Job, Familie, Karriere, Selbstständigkeit, Geld oder Gesundheit entscheiden. Vielmehr dürfen wir alles haben. ALLES. Die Voraussetzung ist nur, dass wir es uns selbst erlauben – sonst wird es niemals geschehen. Wir müssen unser eigenes Empire erschaffen, womit ich ein Leben ohne Kompromisse meine – ein Empire, in dem jede Frau das Leben führt, das sie sich tief in ihrem Inneren wünscht.

Wenn Regeln nicht für Männer und Frauen zugleich gelten, dann sollten sie überhaupt nicht gelten.

Dieses Gesetz habe ich vor vielen Jahren für mich aufgestellt. Immer wieder hörte ich die Frage, wie ich mit 30 Jahren ein eigenes Business starten könnte, wo doch genau jetzt die Zeit für Familie und Kinder sei. Daraufhin stellte ich jedes Mal die Gegenfrage: Würden Sie einen Mann dasselbe fragen? Und die Antwort lautete natürlich: Nein. Und darauf sagte ich jedes Mal: Wenn eine Frage nicht für beide Geschlechter gültig ist, dann ist sie ungültig. Und auf ungültige Fragen antworte ich nicht, sie verschwenden meine Zeit.

JETZT DEN KONTOSTAND ERHÖHEN!

STELLE DIR ANDERE FRAGEN

Es ist wahrscheinlich der eine Satz, der in jedem Erfolgsbuch zu finden ist: Stelle dir andere Fragen, und du bekommst andere Antworten. Wann immer ich diesen Satz gelesen habe, war ich ratlos, welche »anderen« Fragen ich mir stellen sollte. Lange habe ich mich zudem gefragt, warum ich mir überhaupt Fragen stellen sollte. Bis ich begriff, dass unser Kopf darauf trainiert ist, Probleme zu lösen. Egal, welche Fragen wir an unseren Kopf weitergeben, er wird Lösungen und Antworten finden. Und während die meisten Leute sich Fragen stellen, die kaum zu einem besseren Kontostand führen, können wir uns auch Fragen stellen, die uns den Weg zu unseren Millionen zeigen. Wenn der eigene Kopf ohnehin 24/7 am Arbeiten und Denken ist, dann kann er sich auch mit den Fragen beschäftigen, die uns in die richtige Richtung führen. Die folgende Tabelle zeigt einige Beispiele für dienliche und nicht-dienliche Fragen.

Nicht-dienliche Fragen	Dienliche Fragen
Warum muss ich immer so viel arbeiten?	Wie kann ich Multimillionärin werden und nur drei Stunden am Tag arbeiten?
Brauche ich wirklich noch mehr Geld?	Wie kann ich mir immer alles sofort leisten, was ich will?
Warum habe ich nicht genug Zeit für alles, was mir wichtig ist?	Wie kann ich Kind, Karriere und Beziehung easy unter einen Hut bringen?
Warum habe ich nicht genug Kunden?	Wie kann mein Business immer ausgebucht sein?
Warum ist es so schwer, neue Kunden zu finden?	Wie kann Kundengewinnung das Leichteste in meinem Business sein?

Einige werden jetzt sagen: »Ja, Jeanine, das liest sich wunderbar. Aber bei mir ist gerade alles anders, es wird nicht viel ändern, wenn ich ein paar Fragen umformuliere.« Bei solchen Sätzen ist die innere Selbstsabotage wunderbar zu sehen. Bevor etwas Neues ausprobiert wurde, sagt die innere Stimme schon: Es ist eh nicht möglich.

Ich möchte an dieser Stelle noch einmal betonen, dieses Buch ist kein klassisches »Mache 1, 2, 3, 4, und dann ist die Million da«. In meinen Augen funktioniert eine solche Herangehensweise immer nur bis zu einem gewissen

Grad. Wir sehen das gerade in der aktuellen Post-Corona-Zeit. Sehr viele Unternehmen sind pleite und insolvent gegangen, weil sie es in meinen Augen verlernt haben, ihre »eigenen« Strategien zu entwickeln und stattdessen getan haben, was die Wissenschaft ihnen gesagt hat, die Politik, der Strategieratgeber, der Unternehmensberater et cetera. Der Mensch liebt es, die Verantwortung für das eigene Leben (egal, ob unternehmerisch oder privat) anderen zu geben. Warum? Nun, wenn etwas nicht klappt, dann kann ich mit dem Finger auf andere zeigen und muss mich nicht selbst fragen – was kann ich hier besser machen oder lernen, damit es klappt?

Dieses Buch wird nicht hilfreich sein, wenn du probierst, es die ganze Zeit mit dem Kopf zu verstehen und immer wieder nach dem »wie« und »warum« fragst. Wenn du meinem Weg folgen willst zu den Multimillionen, dann geht dieser Weg über deine Gefühle und nicht über deinen Verstand. Ich sage immer, der Verstand zeigt dir easy, wie 10.000 € im Monat gehen. Danach wird es anstrengend und ist mit sehr viel Arbeit verbunden. 10.000 € im Monat sind jedoch nicht meine Liga, ich bringe dir bei, wie Millionen und Multimillionen gehen, und harte Arbeit ist auch nicht mein Feld der Expertise.

Probiere es einfach aus und lass dich überraschen, welche Möglichkeiten und wie viel Geld das Leben für dich bereithält!

SCHNELLE ENTSCHEIDUNGEN TREFFEN

Das Mantra für schnellen Erfolg in allen Lebensbereichen ist: *Impuls – Ready – Go!* Viele Chancen und Möglichkeiten, die wir erhalten, sind einmalig. Handeln wir nicht sofort, ist die Chance vertan. Meistens lernen wir das sehr schmerzhaft. Als ich mich gerade selbstständig machen wollte und nur 300 € Startkapital hatte, wusste ich nicht, wie ich meine Krankenkassenbeiträge bezahlen sollte. Ein alter Freund sagte mir damals, dass ich mich einfach wieder als Student einschreiben solle, dann hätte ich das Problem nicht. Als er mir am Telefon davon berichtete, sagte meine innere Stimme sofort Ja. Doch dann kam der Kopf dazu, der behauptete, dass ich so etwas nicht machen könne und so weiter und so fort. Ich hörte in dem Augenblick leider auf meinen Kopf, nicht auf meine Intuition. Und dieser Fehler kam mir aus unterschiedlichen Gründen teuer zu stehen. Erstens traf ich tagelang keine Entscheidung und überlegte immer wieder hin und her. Diese Tage waren eine absolute Lebenszeitverschwendung. Zweitens entschied ich mich dann nach etlichen Tagen, mich tatsächlich wieder einzuschreiben. Als ich jedoch bei der Universität ankam, musste ich feststellen, dass ich die Immatrikulationsfrist genau um die Tage verpasst hatte, in denen ich an der Entscheidung herumhaderte. Durch diese banale Geschichte habe ich drei wichtige Lektionen gelernt:

1. Triff deine Entscheidung schnell, oder die Option zieht vorbei.
2. Keine Entscheidung zu treffen, ist teuer.
3. Entscheidungen bringen Klarheit und Tempo.

Nach diesem Vorfall fragte ich mich, wie ich es lernen könnte, schnelle Entscheidungen zu treffen. Alles im Leben ist schließlich erlernbar. Ist der Schüler bereit, taucht der Lehrer auf. Und so kam Mel Robbins in mein Leben. Mel Robbins ist die Erfolgsautorin des Buches *Die 5-Sekunden-Regel*. Die 5-Sekunden-Regel ist ein großartiges Tool, um die eigene Intuition zu schulen und superschnelle Entscheidungen zu treffen, eben innerhalb von fünf Sekunden. Wie funktioniert das Ganze?

Zuerst stellst du dir eine Ja/Nein-Frage. Zum Beispiel: »Soll ich mich als Studentin einschreiben?« Im nächsten Schritt zählst du von 5 herunter: 5-4-3-2-1. Im letzten Schritt – wenn du bei der 1 ankommst – wird eine innere Stimme mit Ja oder Nein antworten. Diese Antwort ist die Antwort deines Herzens, auf die du dich verlassen kannst.

Damals, als es um die Krankenversicherung und die Einschreibung ging, hatte meine innere Stimme Ja gesagt. Ich hätte mich als Studentin einschreiben sollen. Aber das habe ich nicht getan. Ich habe stattdessen mich selbst betrogen, meine Intuition, meine eigenen Fähigkeiten.

Das Besondere an der 5-Sekunden-Regel ist, dass wir von 5 auf 1 runterzählen und unser Verstand keine Zeit hat, um zu reagieren. Der Kopf kommt nicht hinterher, und wir folgen unserem Herzen. Wichtig ist, dass du von 5 auf 1 zählst und nicht umgekehrt. Es braucht hierfür kein großes Training, es braucht nur eine Ja/Nein-Frage und den Mut, deinem Herzen zu folgen. Du kannst deiner Entscheidung vertrauen und sie ausführen, auch wenn es sich in diesem Moment unlogisch und unvernünftig anfühlt. Ich kann – Spoiler Alert! – bereits verraten, dass wir oft Antworten erhalten, die uns im ersten Augenblick nicht gefallen. Die Kunst besteht darin, immer ehrlich zu sich selbst zu sein und Schritt für Schritt dem eigenen Herzen wieder vertrauen zu lernen.

AUF DIE EIGENE INTUITION HÖREN

Für mich gibt es zwei Methoden, mit denen ich angefangen habe, wieder mehr auf meine Herzensstimme zu hören. Die erste Methode ist die 5-Sekunden-Regel. Die andere ist ein bewusstes Arbeiten mit dem Kleinen-Ich und dem Großen-Ich, von denen ich dir bereits in Kapitel 5 erzählt habe. Du erinnerst dich: Das Kleine-Ich liebt Sicherheit, den aktuellen Status quo, es will sich auf keinen Fall verändern, selbst wenn es zum Besseren wäre. Um dir die Stärke des Kleinen-Ichs bewusst zu machen, würde ich dich um folgendes Experiment bitten: Hältst du den Stift für gewöhnlich in deiner rechten Hand (linken Hand), dann schreib jetzt drei Zeilen mit deiner linken Hand (rechten Hand) und höre dabei ganz bewusst auf deine innere Stimme.

Dein Ego tut alles Mögliche, damit du wieder mit deiner gewohnten Hand schreibst. Sätze wie die folgenden sind vollkommen normal:

- Was machst du da?
- Deine Schrift kann niemand lesen!
- Deine Schrift sieht hässlich aus!
- Du schreibst viel zu langsam. Mit der anderen Hand geht es viel schneller.
- Was soll diese blödsinnige Übung?

Bei jedem noch so kleinen Veränderungsprozess ist das Ego da, und es kann sehr laut werden. Sind wir uns dessen nicht bewusst, hören wir auf das Kleine-Ich und verlassen niemals unsere Komfortzone. Das bewusste Handeln gegen das eigene Ego ist bei den meisten Leuten mit Wachstumsschmerzen verbunden. Das ist normal. Es ist wie die erste Trainingseinheit für den Marathon.

Und was war noch gleich das Große-Ich? Das Große-Ich, auch bekannt als Seele, Essenz oder unser wahres Ich, ist der Anteil, der weiß, wie wir in Wahrheit leben wollen. Es weiß, wer wir in Wahrheit sind, und es kennt den Weg an unser wahres Ziel und kann uns dort hinführen. Das Große-Ich liebt Veränderungen, es möchte ein Leben lang neue Dinge erfahren und lernen. Dieser Anteil von uns ist mutig, traut sich neue Dinge und Wege zu, wo andere Leute, die mit ihrem Kleinen-Ich beschäftigt sind, nur den Kopf schütteln würden. Das Große-Ich verlangt einen großen Kontostand und weiß, dass das dein Geburtsrecht ist.

Unterschiede zwischen dem Kleinen-Ich und dem Großen-Ich:

Kleine-Ich	Große-Ich
Will recht haben.	Will, dass es sich passend anfühlt.
Will den Status quo halten.	Will wachsen und neue Dinge erleben.
Spielt klein.	Spielt groß.
Will nur Sicherheit und keine Veränderung.	Ist mutig und traut sich neue Dinge zu.

Wann immer es darum geht, wichtige Entscheidungen zu treffen und neue Wege zu gehen, stelle ich mir eine passende Frage. Dann erhalte ich von meiner Intuition eine Antwort. Danach mache ich einen Check-up, ob die Antwort vom Kleinen-Ich oder vom Großen-Ich kommt. Kommt die Antwort vom Kleinen-Ich, frage ich, was das Große-Ich will. Zum Beispiel meditiere ich zum Ende jedes Monats und frage mich, was ich im folgenden Monat verdienen möchte. Ich erhalte eine Zahl und mache dann den Check-up, ob diese Zahl von meinem Kleinen-Ich oder meinem Großen-Ich gewollt ist. Oftmals stellt sich heraus, dass die Zahl vom Kleinen-Ich stammt, und dann frage ich, was mein Großes-Ich in diesem Monat verdienen will. In den meisten Fällen erhalte ich vom Großen-Ich die gleiche Zahl – nur mit einer null mehr. Bei dieser Übung geht es vor allem darum, dass du erkennst, wann du dich selbst belügst und mal wieder klein spielst. Die Check-up-Frage hilft dir, deine Selbstsabotage zu erkennen und im nächsten Schritt anders zu handeln.

GLAUBE UND VERHALTEN MÜSSEN ZUSAMMENPASSEN

Würden Worte allein reichen, um einen Wunsch zu manifestieren, hätten wir bereits Weltfrieden. Es gäbe keine Waffen mehr, Hunger würde abgeschafft. Doch es sind nicht allein unsere Worte, welche eine Manifestation auslösen, sondern es ist unsere Absicht, die Frequenz, auf der wir den Wunsch aussenden. Um dein Ziel in kurzer Zeit zu erreichen, gilt es deshalb, so zu handeln, als gäbe es keine Zweifel mehr. Die folgenden Fragen haben mir enorm geholfen, um herauszufinden, ob ich noch Zweifel habe oder nicht:

- Wie würde ich handeln, wenn ich zu 100 Prozent wüsste, dass es klappt?
- Wie würde ich handeln, wenn ich wüsste, dass ich bis zum Ende des Jahres 1.000.000 € auf dem Konto hätte?
- Wie würde ich handeln, wenn ich noch niemals negative Erfahrungen gemacht hätte?

Unser eigener Glaube und das dazugehörige Verhalten sind Erfolgsgarant für das Manifestieren aller Ziele. Es ist schlicht unmöglich, zu glauben, man hätte bis zum Ende des Jahres eine Million Euro auf dem Konto, und dann schaut man den kleinsten Beträgen aufs Preisschild. Kein Millionär oder Multimillionär, den ich kenne, regt sich darüber auf, wie teuer die Butter ist. Es ist unmöglich, dass sich dein Verhalten in unserem Beispiel nicht ändert, und je nachdem, wie groß die Lücke zwischen der Million und deinem aktuellen Kontostand ist, so groß oder klein wird die Veränderung sein. Je mehr Geld du willst, verglichen zu dem, was du gerade auf dem Konto hast, desto größer die Veränderung des finanziellen Handelns.

Es ist immer eine Kombination aus dem inneren Spiel, den Gedanken und Überzeugungen, und dem äußeren Spiel, dem Handeln. Die meisten Leute sagen, dass sie mehr Geld wollen, handeln aber, als wären sie komplett pleite. Was sie dann auch bald sind! Es ist die Kombination aus Glauben und Handeln, aus der sich die Dinge manifestieren.

Wann wissen wir, dass der Glaube stark genug ausgeprägt ist? Wenn es zum Beispiel um deine erste Million geht, ist die Frage nicht, *ob* du Millionärin wirst, sondern nur *wann*. Ich kann mich noch genau an mein erstes Jahr im Business erinnern. Ich hatte es in meinem Podcast öffentlich gemacht, dass es mein Ziel in diesem Jahr sei, eine Million Euro zu verdienen. Zahlreiche Coaches, die einen holprigen Start in ihre Karriere erlebt hatten, erzählten mir, dass dies unmöglich sei. Ich hatte jedoch von einem Coach aus den USA gehört, dass es absolut möglich sei, eine Million in einem Jahr zu machen, easy, und vor allem ohne Team. Daher zweifelte ich schon nicht mehr, ob ich die Million schaffen würde, die Frage war viel mehr, wann es so weit wäre.

Hatte ich in dieser Zeit nie Selbstzweifel? Doch, absolut. Aus tiefstem Herzen glaube ich, dass es normal ist, an sich zu zweifeln und sich zu fragen, ob der eingeschlagene Weg ans Ziel führt oder nicht. Wir sind alle keine Übermenschen, und jede neue Herzensentscheidung ist auch immer mit Bauchkribbeln und kleinen Selbstzweifeln verbunden.

Ich habe mich in diesen Momenten gefragt, ob ich in meiner alten Situation bleiben will. Für mich lautete die Frage zu Anfang meiner Selbstständigkeit also: Will ich weiterhin von 300 € im Monat leben? Die Antwort war ganz klar: Nein. Und das hat mich motiviert, meinen Hintern hochzubekommen und mutig neue Entscheidungen zu treffen. Selbstzweifel und Rückschläge gehören auch auf dem Herzensweg dazu, es ist jedoch deine Perspektive zu diesen Dingen, die entscheidet, welchen Einfluss die Zweifel auf dein Leben haben.

Ohnehin kommen in meiner Erfahrung die Selbstzweifel nur kurz vor Erreichen des Zieles auf, nicht am Anfang des Weges. Und das habe ich immer im Hinterkopf. Es ist, als fragte mich das Leben jedes Mal, ob ich das Ziel auch wirklich erreichen oder nicht doch lieber umkehren will. Angenommen, du läufst einen Marathon, hast monatelang trainiert – und beim eigentlichen Lauf hörst du nun 200 Meter vor dem Ziel auf. Das würde niemand machen. Egal, wie anstrengend oder unangenehm die letzten 200 Meter sind, du würfest alles geben und zur Not über die Ziellinie kriechen. Egal, was du auch Neues erreichen willst, glaub immer an dich und deine Ziele. Es ist egal, was andere für möglich halten oder nicht. Es ist dein Leben, dein Kontostand.

GELD REGELT (M)EIN MANN

»Sie brauchte einen Helden, also wurde sie ihre eigene Heldin.«

JEANINE HURTE

Nicht, dass ich ein Fan davon wäre, die Verantwortung auf andere Leute zu schieben, ganz im Gegenteil. Doch rückblickend haben mir die Disney-Filme in frühster Kindheit doch eine gewisse Saat eingepflanzt:

- dass ein Mann kommen und mich retten wird.
- dass ein Mann mich vervollständigen wird.
- dass es meine Aufgabe ist, gut auszusehen.
- dass Geldverdienen Männersache ist.

Als Kind hatte ich fast jedes Disney-Buch, manche sogar doppelt, einmal als »normales« Buch und dann noch die Bücher mit den Musiktasten am Rand. In meiner Kindheit waren die bekanntesten Disney-Geschichten *Cinderella, Dornröschen, Rapunzel, Aladdin* oder *Mulan* – die Eisprinzessin Elsa und *Vaiana* existierten damals noch nicht. Die meisten Disney-Filme hatten damals eine Gemeinsamkeit, und zwar dass die Frau vom Mann gerettet werden muss. Dornröschen muss aus dem Schlaf wachgeküsst werden, Cinderella vom Prinzen aus den Händen der bösen Stiefmutter befreit werden, und Jasmin ist ohne Aladdin nicht wirklich vollständig. Dieses traditionelle Frauenbild wird uns in zahlreichen Filmen bis heute noch oft präsentiert. Die Frau braucht einen Mann, sonst ist sie aufgeschmissen.

Nicht nur Disney-Filme sorgen unbewusst dafür, dass sich Frauen ohne Mann nicht vollständig fühlen, auch Hollywood-Filme verstärken diese Sichtweise, etwa *Notting Hill* mit Julia Robert und Hugh Grant. In diesem Film schaut die Schauspielerin Julia Roberts Hugh Grant an und sagt weinend: »Ich bin doch nur ein Mädchen, das vor einem Jungen steht und ihn bittet, es zu lieben.« Egal, ob Disney-Filme oder Spielfilme für Erwachsene, oft sehen wir eine Frau in einer schwierigen Lebenssituation, die mit großen Froschaugen und eventuell weinend einen Mann anschaut und darauf wartet, dass er sie retten oder vervollständigen wird. Und diese Denkweise haben viele Frauen für ihre eigenen Finanzen übernommen. Sie gehen davon aus, dass sie weinen, mit Froschaugen in die Welt schauen oder einfach darauf warten müssen, dass ein Prinz kommt und sie rettet.

Vermutlich hat jede Frau schon zahlreiche Male den Gedanken gehabt: Ich schmeiße alles hin und werde einfach Prinzessin. Ein solcher Gedanke ist nicht fatal, aber ich möchte doch darauf aufmerksam machen, dass die Sichtweise nicht selten auf das Thema Finanzen übernommen wird. Wenn wir nicht aufpassen, erzählen wir uns Geschichten wie:

- Zahlen sind nicht mein Ding.
- Mit Geld kann ich nicht umgehen.
- Finanzielle Entscheidungen kann ich nur nach Absprache mit meinem Mann treffen.

Einer meiner größten Aha-Momente zu diesem Thema war, als ich den Film *Jerry Maguire – Spiel des Lebens* sah.

Dieser Film war es, der auch mich lange Zeit hat denken lassen, ich bräuchte einen Helden in meinem Leben. In dem Film kehrt Hauptdarsteller Tom Cruise zu Renée Zellweger zurück und will ihr klarmachen, dass sein erfolgreicher Tag nicht vollständig war, weil er ihn nicht mit ihr teilen konnte. Am Ende des Liebesgeständnisses sagt er: »Du vervollständigst mich!« Lange glaubte ich, ein Mann werde auch mich vervollständigen – beziehungsweise mein leeres Bankkonto. Obwohl ich schon immer finanziell auf eigenen Füßen stand, gab es dennoch einen Teil in mir, der hoffte, dass ein Mann kommen und mich retten würde. Es war meine persönliche Cinderella-Lovestory – natürlich mit Happy End und Dagobert-Duck-Geldbunker.

Letztlich war ich dann nie finanziell von einem Mann abhängig, und ich habe in meinen Beziehungen auch nie gemeinsame Finanzen oder Investments gepflegt. Allerdings habe ich in meinen Coachings und vor allem in meinen Mastermind-Programmen zahlreiche Frauen kennengelernt, die entweder keine finanziellen Entscheidungen ohne ihren Mann getroffen oder ihren Männern erst gar nicht erzählt haben, was ihre nächste Investition sein würde. Zu Beginn des Coachings waren einige finanziell komplett abhängig von ihrem Mann. Geld ist gerade in unseren Beziehungen oftmals ein riesiges Tabuthema. Über Geld spricht man nicht – zumindest im deutschsprachigen Raum ist diese Redewendung weit verbreitet.

In diesem Kapitel möchte ich dir meine besten Tipps mitgeben, wie ich meine eigene Geldheldin geworden bin und wie ich das Thema Geld, Finanzen und Wohlstand in meinen Partnerschaften angehe. Auch wenn du aktuell in keiner Partnerschaft lebst, sind die Hinweise interessant, da sie sich 1:1 auf alle Beziehungen im Leben übertragen lassen.

WERDE DEINE EIGENE (GELD)HELDIN

Ich bin mittlerweile 34 Jahre alt und habe viele Jahre meines Lebens mit der Hoffnung auf den Geldprinzen verbracht. Natürlich glaube ich, dass es den Mann mit viel Geld gibt. Aber ich glaube nicht, dass es die Aufgabe eines Mannes sein kann, uns zu retten. In meinen Augen sollten am besten beide Partner wohlhabend sein, damit Geld in Beziehung keine Rolle spielt. Ich habe etliche Freundinnen, die seit vielen Jahren mit ihrem Mann zusammen sind, weil er das Geld verdient und sie mit den Kindern zu Hause ist. Einige meiner Freundinnen haben sich in den letzten Jahren leider komplett selbst aufgegeben. Sie machen alles, was der Mann oder die Kinder wollen, weil tief in ihrem Inneren die Angst sitzt, verlassen zu werden. Die Angst ist primär eine finanzielle, da sie nach dem Studium nur kurz gearbeitet und die längste Zeit ihrer beruflichen Laufbahn als Mutter verbracht haben.

Versteh mich bitte nicht falsch – für einige Frauen ist es ihre Berufung, zu 100 Prozent Mutter zu sein und zu Hause zu bleiben. Für andere Frauen ist es das nicht. Es gibt hier kein Richtig oder Falsch, auch wenn uns die Gesellschaft das oft einreden will. Aus meiner Sicht gibt es allerdings ein Falsch, wenn die Frau mit den Kindern zu Hause bleibt und die Finanzen nicht geklärt sind. Da Geld immer Freiheit und Möglichkeiten bedeutet, sollten wir in allen Lebenssituationen über finanzielle Mittel verfügen. Gerade in Partnerschaften ist es wichtig, dieses Thema von Anfang an zu besprechen und für Klarheit auf beiden Seiten zu sorgen. Ich sehe immer wieder, dass meine Freundinnen unglücklich sind, da sie sich nicht vorstellen konnten, wie ihr Leben ohne den Mann finanziell aussehen soll. Egal, in welcher finanziellen Situation wir uns gerade befinden, wir haben immer die Möglichkeit, unsere eigene (Geld)heldin zu werden und unser eigenes Geld zu verdienen. Dies kann auch »ein Gehalt« von dem gemeinsamen Konto sein. Sei kreativ! Überlege dir genau, in welcher finanziellen Situation du sein willst, wenn du in einer Beziehung lebst.

GELD IN PARTNERSCHAFTEN

Geld in Partnerschaften ist ein sehr interessantes Thema und kann zu vielen Reibungspunkten führen. In der heutigen Zeit lässt sich auf den ersten Blick kaum noch sagen, wer in einer Partnerschaft wie viel verdient. In vielen Fällen hat der Mann kein höheres Einkommen als die Frau. Sehr wohl lässt sich aber sagen, dass wir uns zumeist einen Partner aussuchen, der einen konträren Geldarchetypen darstellt. Ein Mensch, der es liebt, Geld auszugeben, hat meistens einen Partner, der es liebt, zu sparen. Und umkehrt. Warum ist das so? Sind wir ein Mensch, dem das Geld locker sitzt, finden wir Menschen absolut faszinierend, die sparen. Obwohl wir es selbst nicht als positiv ansehen, ist unser Fokus dennoch stark auf das Sparen gerichtet. Wir versuchen, herauszufinden, wie es geht und wie man ein solches Leben genießen kann. Und basierend auf dem Gesetz der Anziehung ziehen wir einen Partner an, der das Sparen liebt, weil unser Interesse gewissermaßen heimlich ebenfalls auf dem Sparen liegt. Unsere primäre Energie liegt auf diesem Thema.

Das Gleiche gilt für den Sparertyp. Dieser Mensch findet es faszinierend, zu sehen, wie Menschen so »einfach und leichtsinnig« ihr Geld ausgeben können. Der Sparertyp denkt ständig über das Geldausgeben nach, weshalb seine Energie sich auf das entgegengesetzte Ende der Frequenz richtet. Dies ist die Erklärung dafür, dass sich derart oft komplett konträre Partner anziehen und wir Menschen wählen, die etwas beherrschen, das wir selbst gern lernen wollen. An erster Stelle gilt es also darum, einen Frieden in unserer Partnerschaft zu schließen: Wir alle sind unterschiedlich und haben andere finanzielle Verhaltensmuster, und das ist auch okay. Es kann durchaus sein, dass in einer Partnerschaft ein Partner positiv gegenüber Geld eingestellt ist und der andere eher negativ. Hinzu kommt, je länger ein Paar zusammen ist, desto mehr gemeinsame

Verhaltensmuster rund ums Ausgeben und Sparen entwickelt es.

Oft konnte ich bereits sehen, dass es in vielen Partnerschaften, unbewusst natürlich, eine finanzielle Obergrenze gibt, wie viel verdient werden darf. Was ist »angemessen« im Vergleich zu Nachbarn, Familie oder Freunden? Oft verdienen wir genauso viel wie unser Umfeld. Dieses Phänomen durfte ich gerade wieder einmal selbst erleben: Während ich noch in Deutschland gelebt habe, dachte ich, dass ich bereits hervorragend verdienen würde und wesentlich mehr Geld zur Verfügung hätte als andere. Nun bin ich in den USA und von sehr vielen Multimillionären umgeben, und ich bemerke, dass sich die Situation verändert hat. Meine eigene »Grenze« hat sich in meinem neuen Umfeld wieder einmal nach oben verschoben. In einer Partnerschaft könnte es durch eine solche Veränderung zu Reibungspunkten kommen, wenn etwa der Partner lange Zeit der Hauptverdiener war und die Frau plötzlich zu wachsen beginnt und mehr verdient als ihr Mann. Dies kann bei ihm zu dem unbewussten Gefühl einer »Bedrohung« oder einem Egokratzen an seiner Männlichkeit führen.

Letztlich sind solche kleinen Unstimmigkeiten normal. Nicht ohne Grund gibt es das Wort *Wachstumsschmerzen*. Bleibe bei dir und deinem finanziellen Ziel! Egal, ob es sich für jemand anderen bequem oder unbequem anfühlt. Wir Frauen neigen oft dazu, weniger von uns zu geben, damit sich jemand anderes besser fühlt. Lange habe ich nur 50 Prozent gegeben, damit ich nicht »zu viel« Geld habe und andere sich besser fühlen. Lange habe ich nur 50 Prozent meiner Stimme gegeben, damit ich nicht »zu laut« bin. Lange habe ich nur 50 Prozent meiner Emotionen gegeben, damit ich nicht zu emotional bin. Doch das kann niemals unser Lebensziel sein – weniger wir selbst zu sein, damit sich andere wohler fühlen.

JETZT DEN KONTOSTAND ERHÖHEN!

REGELMÄSSIGES GELD-DATE MIT DIR SELBST

Ich empfehle dir, ein regelmäßiges Date mit deinem Geld zu verabreden. Anfangs kannst du das Date sinnvollerweise allein mit dir und deinem Konto haben – täglich, dann wöchentlich, je nachdem, wie schnell du vorankommen willst. Später verabredest du dich in regelmäßigen Abständen mit deinem Partner auf ein Geld-Date.

In den ersten Monaten, in denen ich meinen Kontostand verändern wollte, hatte ich immer freitags ein Geld-Date mit meinem Konto und mir. Bei diesem Date habe ich mich intensiv mit meinem Geld auseinandergesetzt. Ich habe mir meinen Kontoauszug der Woche ausgedruckt und zuerst meinen Kontostand gecheckt. Im nächsten Schritt habe ich mir die Ausgaben der Woche angeguckt und jede Ausgabe auf dem Kontoauszug mit einem Plus, Minus oder neutral markiert. Plus bedeutete, dass ich die Ausgabe noch immer als sinnvoll erachtete, dazu zählten etwa Lebensmittel,

Hygieneartikel und Ähnliches. Minus bedeutete, dass es sich um Artikel und Dienstleistungen handelte, die nicht notwendig waren und mir keine Freude mehr bereiteten. Dazu zählten zum Beispiel das zwanzigste weiße T-Shirt, das fünfzigste Paar Socken oder andere Dinge, die nur in der Ecke herumlagen. Und schließlich gab es noch die Kategorie neutral, diese habe ich genutzt, wann immer ich keine Emotionen zu meiner Kaufentscheidung hatte.

Diese Übung ist genial, um herauszufinden, wann wir aus emotionalen Gründen einfach etwas kaufen, das wir nicht benötigen und das uns vor allem keine Freude bereitet. Bei den meisten emotionalen Einkäufen erleben wir einen »Gefühlskick« für wenige Sekunden. Unser Gehirn wurde so trainiert, dass beim Kaufen Glücksgefühle ausgeschüttet werden. Bei deinem Geld-Date kannst du mit Blick auf den Kontoauszug und der entsprechenden Markierung mit Plus, Minus oder neutral erkennen, wann es dir lediglich um den Gefühlskick ging und wann du etwas wirklich benötigst. Im nächsten Schritt solltest du natürlich dafür sorgen, dass die Glücksgefühle auch auf natürliche Weise ohne Einkäufe ausgeschüttet werden können.

Ein weiterer entscheidender Punkt: Sind wir uns unseres eigenen Kaufverhaltens nicht bewusst, findet sich dieses Verhalten oftmals in der ganzen Familie wieder. Daher unbedingt den Kontoauszug auch mit dem Partner beziehungsweise der ganzen Familie durchgehen.

REGELMÄSSIGES GELD-DATE MIT DEM PARTNER

Im nächsten Schritt empfehle ich mindestens monatlich ein gemeinsames Geld-Date mit dem Partner. Bei diesem Date wird über gemeinsame Träume und Wünsche gesprochen – auch solche, die finanzieller Natur sind. Gerade in meiner letzten Beziehung habe ich erfahren, wie dienlich das sein kann. Mein Partner und ich haben darüber gesprochen, was unsere Ziele für das jeweils kommende Jahr waren und was ein erfolgreiches Jahr jeweils für jeden Einzelnen von uns als auch auf Paarebene wäre. Diese Geld-Dates haben dazu geführt, dass wir uns gegenseitig bestmöglich bei unseren Zielen unterstützen konnten. Die Dates haben auch dazu geführt, dass wir uns gegenseitig zum gemeinsamen Lernen und Wachsen verpflichtet haben. Meine Beziehungen sind immer auseinandergegangen, wenn sich eine Person für Wachstum entschieden hat und die andere nicht. Das muss natürlich nicht grundsätzlich der Fall sein, war bei mir jedoch so.

Gemeinsame Gelddates können auch genutzt werden, um herauszufinden, wie der Partner mit Geld groß geworden ist. Was hat er/sie über Geld als Kind gelernt? Was weiß der Partner noch über Geld aus der Kindheit? Wer hat in der Familie das meiste Geld verdient? Wie sah die Machtdynamik in der Familie aus? Was war der erste Job, den der Partner hatte? Wie viel hat er/sie dort verdient?

Mir hat es enorm geholfen, solche Dinge über meinen Partner zu erfahren, um ihn besser zu verstehen und kennenzulernen. Geld-Dates können sich anfangs etwas komisch anfühlen. Wann hast du je gehört, dass ein Paar sich für Geld-Dates verabredet hätte? Wahrscheinlich gerade zum ersten Mal. Doch Geld nimmt so einen großen Bestandteil in unserem alltäglichen Leben ein, dass es in unseren Beziehungen kein Tabuthema sein sollte.

Einige Dinge haben mir anfangs geholfen, um den richtigen Vibe für ein Geld-Date zu finden. Hier meine besten Tipps:

- ♡ **Ganz entspannt über das Thema Geld sprechen.** Oft ist es auch für den Partner eine neue Erfahrung, so offen und ehrlich über Geld zu reden. Er braucht vermutlich ein bisschen Zeit, sich hier zu öffnen. Geh deshalb ohne feste Erwartungen in das Gespräch.
- ♡ **Einen Dialog starten und kein Verhör.** Manchmal sind wir vielleicht etwas pushy, wenn wir eine Sache unbedingt wissen wollen. Das Gespräch soll sich natürlich entfalten. Es ist auch okay, wenn der Partner nicht schon beim ersten Geld-Date all seine Gedanken mit dir teilt.
- ♡ **Teile deine Erfahrungen ehrlich und verletzlich mit.** Wenn wir unserem Partner erklären, warum uns diese Unterhaltung so wichtig ist und was unsere eigenen Erkenntnisse sind, hat er wahrscheinlich mehr Verständnis für unsere Position.

Und hier meine No-Gos für ein Geld-Date. Diese Punkte haben bei mir nur zu Streitigkeiten geführt:

- **Versuche nicht, deinen Partner zu coachen.** Ich durfte auf die harte Tour lernen, dass es absolut uncool für jemanden ist, gecoacht zu werden, wenn er selbst das nicht wünscht. Es hat in meinen Beziehungen immer zu Streit geführt und meinen Partner sich klein fühlen lassen. Geholfen hat es hingegen, wenn ich vorab gefragt habe, ob ich meinem Partner einen Tipp geben darf. Manchmal hat er Ja gesagt und meistens Nein. Das habe ich zu akzeptieren gelernt.
- **Beginne keinen Satz mit: »Mein Coach sagt …«** Wenn ich aus einem Coaching kam und genau diesen Satz gesagt habe, hat mein Partner meist gefragt: »Und was hast du gesagt?« Er wollte kein Nachgeplappere der Weisheiten von meinem Coach. Denk dran, wir sind alle auf unserem eigenen Weg und haben unsere eigenen Lehrer, auch wenn wir nur das Beste für unseren Partner wollen.
- **Verlasse dich bei deinen Businessentscheidungen nicht auf deinen Partner.** Mein Business, meine Regeln, meine Entscheidungen. Mein Partner hat mir vielfach gesagt, dass er mein Business anders führen würde. Doch mein Business ist nicht sein Business. Unsere Beziehung lief harmonischer, wenn wir nicht über mein Business gesprochen haben, vor allem

nicht, in welche Coachings und welche Summen ich geschäftlich investiert habe. Finde deinen eigenen Stil!

REGELMÄSSIGES GELD-DATE MIT DEN KINDERN

Grundsätzlich gilt bei jedem Veränderungsprozess, dass wir ihn leichter zusammen mit anderen durchlaufen können. Deshalb rate ich vielen Müttern, ihre Kinder und Männer so gut es geht in den Veränderungsprozess mit einzubeziehen. Vor allem Kinder lieben es, über Geld zu reden und Geld zu haben. Wir können an dieser Stelle unfassbar viel von Kindern lernen. Als Eltern können wir diese Freude so lange es geht erhalten.

Wie kann ein regelmäßiges Geld-Date mit Kindern aussehen?

- **Schaffe eine gemeinsame Manifestations-Challenge.** In der Familie kann ein Spiel gespielt werden, wer es schafft, am meisten Geld in einer Woche zu manifestieren. Dazu kann einfach eine Tabelle (siehe Bild) am Kühlschrank angebracht werden. Am Frühstückstisch kann darüber gesprochen werden, welche Möglichkeiten es gibt, Geld zu verdienen. Egal, mit welchen kreativen Möglichkeiten die Kinder kommen, sage nie, dass es nicht möglich sei. Lass Kinder ihre eigenen Gelderfahrungen machen und sei überrascht, wie erfolgreich sie sind.

Das Alter der Kinder ist komplett egal, da deine Kinder schon mit ihren eigenen kreativen Ideen kommen werden. Auch hier gilt wie immer: Das WIE ist nicht deine Aufgabe.

Name	Geld-eingang Tag 1	Geld-eingang Tag 2	Geld-eingang Tag 3	Geld-eingang Tag 4	Geld-eingang Tag 5	Summe

- **Gemeinsame Dankbarkeitspraxis.** Am Abendbrottisch oder kurz vor dem Schlafen lässt sich eine gemeinsame Dankbarkeitspraxis einführen. Als ich ein Teenager war, haben wir vor dem Essen immer drei Dinge aufgezählt, für die wir gerade dankbar waren. Überraschenderweise habe ich als Teenager diese Übung geliebt. Auch hier sind Kinder kreativ und unfassbar inspirierend. Hierbei geht es nicht nur ums Geld, sondern um alle Dinge, für die wir dankbar sind.
- **Was-will-ich-wenn-alles-möglich-ist-Challenge.** Morgens früh empfehle ich eine Runde Was-wenn-alles-möglich-ist zu spielen. Meine Coaching-Kun-

dinnen sind immer enorm fasziniert von der Kreativität und dem besonderen Denken ihrer Kinder. Sehen wir Kinder in ihren eigenen Welten träumen, inspiriert das auch uns dazu, größere und verrücktere Träume zu haben, weil wir uns an unsere eigenen Kindheitsträume zurückerinnern.

Egal, wo du gerade in deinem finanziellen Prozess stehst, du musst es nicht allein schaffen. Erlaube dir, deine Familie und vor allem deine Kinder miteinzubeziehen. Habe Spaß und Freude beim Geldverdienen und gib die Verantwortung für deine Finanzen nicht ab. Der Umgang mit Geld ist easy – auch du kannst es schaffen. Denn ab heute gilt: *Cash is Queen*!

SCHLUSSWORT

Egal, an welchem Punkt deiner finanziellen Reise du dich gerade befindest, egal, was du aktuell auf dem Konto hast, und egal, welche finanziellen Entscheidungen du in der Vergangenheit getroffen hast – all das hat keinen Einfluss darauf, wo du in Zukunft stehen wirst. Ich habe mit 300 € Startkapital und 40.000 € Schulden aus dem Studium mein eigenes Unternehmen gegründet. Ich will nicht sagen, dass das ein idealer Ausgangspunkt war. Doch in gerade einmal 15 Monaten konnte ich meine finanzielle Situation komplett drehen – plötzlich führte ich ein Multimillionenunternehmen. Ich habe wesentlich mehr Geld verdient als jemals zuvor in meinem Leben, und ich habe dieses Geld mit absoluter Leichtigkeit und Freude verdient. Dazu in einem Job, der mich erfüllt hat und dem ich auch heute noch unbezahlt nachgehen würde.

In jedem Augenblick unseres Lebens können wir uns entscheiden, ein Leben im Einklang mit den universellen Gesetzen zu führen. Dazu benötigt es kein Geld, sondern nur Mut und Vertrauen in das Leben, welches dann das Steuer in die Hand nimmt. Gerade am Anfang kann sich das ungewohnt und komisch anfühlen. Da ist absolut normal, schließlich haben wir gelernt, dass Kontrolle ganz wunderbar sei, und je mehr wir kontrollieren können, desto besser.

Ich will dich an dieser Stelle ermutigen, die universellen Gesetze zu studieren, sie jeden Tag noch besser zu verstehen, denn das gibt dir die wahre Kontrolle. Nicht über den Weg, den du gehen musst, aber du wirst sicher deine Ziele und Wünsche erreichen. Dieses Buch ist nicht zufällig zu dir gekommen. Es ist ein Zeichen, eine Erinnerung daran, dass finanzieller Reichtum dein Geburtsrecht ist.

Du darfst wirklich haben, was du willst. Du darfst alles sein, was du willst. Es gibt kein Limit. Niemals und nirgends. Glaube an dich, vertraue dir. Du schaffst das. Und jetzt: Let's go! Lass uns direkt starten!